Les Éditions du Boréal
4447, rue Saint-Denis
Montréal (Québec) H2J 2L2
www.editionsboreal.qc.ca

LE FEU
DE MON PÈRE

DU MÊME AUTEUR

POÉSIE

L'Extase neutre, NBJ, 1985.

Mélancolie, NBJ, 1985.

Fontainebleau, Les Herbes rouges, 1987.

Chose vocale, Les Herbes rouges, 1990.

Long Glissement, Leméac, 1996.

Prière à blanc, Éditions du Noroît, 2009.

ROMANS ET NOUVELLES

Drame privé, Les Herbes rouges, 1989; P.O.L., 1990.

Helen avec un secret et autres nouvelles, Leméac, 1995; BQ, 2009.

Le Désarroi du matelot, Leméac, 1998; BQ, 2002.

Dée, Leméac, 2002; BQ, 2007.

Le Sort de Fille, Leméac, 2005.

Tiroir n° 24, Boréal, 2010.

Michael Delisle

LE FEU
DE MON PÈRE

récit

Boréal

© Les Éditions du Boréal 2014
Dépôt légal : 1ᵉʳ trimestre 2014
Bibliothèque et Archives nationales du Québec

Diffusion au Canada : Dimedia
Diffusion et distribution en France : Volumen

*Catalogage avant publication de Bibliothèque et Archives nationales
du Québec et Bibliothèque et Archives Canada*

Delisle, Michael, 1959-

    Le feu de mon père

    ISBN 978-2-7646-2294-0

    1. Delisle, Michael, 1959- . Famille. 2. Écrivains québécois – 20ᵉ siècle – Bio-
graphies. I. Titre.

PS8557.E445Z465   2014   C848'.5409   C2013-942715-5

PS9557.E445Z465   2014

ISBN PAPIER 978-2-7646-2294-0
ISBN PDF 978-2-7646-3294-9
ISBN ePUB 978-2-7646-4294-8

Éléments de poésie

Je n'ai pas trouvé d'exergue pour ce livre. Une image qui donne le ton, une phrase qui trace le premier trait, un nom propre qui place le sérieux. Une phrase pour débarrer la porte.

Je cherche, je ne trouve pas. Mon dépit ressemble à une déréliction : je me sens abandonné par la littérature, comme un toxicomane l'est par Dieu. On dirait que personne ne veut me donner le *la* pour avancer dans la suite de morceaux qui m'attend.

Je suis seul avec les pages qui suivent.

Trouver l'incipit d'un livre est une étape jubilatoire. Trouver *la* phrase qui fasse office à la fois d'armature et de condensé est une recherche trépidante. L'exergue est là pour placer une caution, emprunter le sceau de papa – les hommes citent des hommes –, mais l'exergue reste décoratif, c'est un marchepied textuellement inutile. La dédicace, quant à elle, renvoie l'ascenseur aux amis ou donne l'indice d'une mission secrète qui exclut le lecteur. Le vrai plongeon, c'est l'incipit.

Mon incipit pourrait être le suivant : *De ma vie, je ne me souviens pas d'avoir été léger.*

C'est vrai. J'ai toujours eu, du plus loin que je me souvienne, la mort dans l'âme. Ce joug, cette entrave à l'insouciance, m'est tellement intime que j'ai fini par y voir une forme de lucidité. La conscience a pris cette posture chez moi : je suis triste comme je vois clair. À cette tristesse s'ajoute, bien sûr, un sentiment funeste. Je fais bonne figure avec une sorte de placidité, mais c'est là, il me semble, depuis toujours. Même jeune homme en lisant les critiques favorables de mon premier recueil de poèmes, même en découvrant, lors d'un voyage à Paris, l'existence du vouvray dans un restaurant du Marais, même à six ans sous un soleil radieux en courant derrière Diane C. pour la déshabiller, même bambin en gloussant à m'en pâmer pendant que mon père en gros méchant loup me mordait baveusement l'oreille, il y avait toujours, dans mon for intérieur, ces deux poisons : une envie de retenir l'instant et une hâte que la vie finisse.

Lire de la poésie et écrire de la poésie m'ont aidé à tenir bon.

Dans la vie d'un homme, la répétition est aussi bien le mystère que la clé du mystère. Je ne sais pas pour les femmes, mais pour les hommes, c'est comme pour la poésie, ça se fonde sur la répétition nécessaire au rythme et rien d'autre. On goûte le poème avec une attention aux sons qui reviennent. On comprend le sens d'une vie en s'attardant aux répétitions.

Ma première expérience de la répétition remonte à l'hiver de 1959. Je parle ici d'une répétition au regard du rythme.

Dehors, la neige bien tassée tapissait la rue Fontainebleau à Ville Jacques-Cartier. La nuit était calme et le froid sec feutrait les bruits. Les voisins ont entendu le claquement d'une portière de taxi, le crissement d'escarpins dans la neige, des pas saccadés, l'éternuement flûté d'une jeune femme qui a fait la fête et qui rentre tard. Son pouffement avant d'ouvrir la porte. Il n'était pas minuit, il était onze heures et quart. Pile.

À l'intérieur l'attendait mon père. Au son de la portière du taxi, dans une de ses rages noires qui le rendaient sourd, il a lancé l'escabeau sous la trappe du grenier et l'a grimpé pour chercher une arme. Il y en avait remisé plusieurs, le jour où il avait décidé de ne plus faire de hold-up. Il est descendu avec une carabine qu'il a chargée de deux cartouches devant ma mère qui, vacillant dans ses escarpins, se tenait à l'autre bout du corridor. Sans hésiter, elle est allée me chercher dans mon lit et elle est revenue devant lui, en me tenant à bout de bras. Papa la visait pendant qu'elle me tenait par le tronc en suivant le mouvement du canon de façon que je fasse écran. J'avais quelques mois. J'avais la couche aux fesses, les pattes dans le vide et, mû par une pulsion bien archaïque, j'ai imité ses hurlements. Elle hurlait : « Tire ! Enwouèye, tire ! » et moi je criais des voyelles. Notre chant a eu l'effet d'une douche froide sur la furie de mon père qui a toujours réagi fortement à la musique. Ma mère, avec un sens de la saga qui lui venait de ses ancêtres celtiques, m'a souvent raconté comment elle était juste sortie prendre un verre avec ma tante Flo et comment, par la suite, pendant toute une année, la nuit, à onze heures et quart pile, je me mettais à pleurer.

Pas onze heures.

Pas minuit.

Onze heures et quart pile. Réglé comme l'heure des nouvelles. Et au bout d'un an, je me suis tu.

Un corridor obscur.

À l'ouest, mon père armé.

À l'est, ma mère éméchée.

Moi suspendu entre les deux sur le point d'être éventré par les projectiles brûlants.

C'est l'épisode le plus ancien de mon histoire. Je ne sais rien d'avant ces chants de onze heures et quart qui ont duré un an. Cette nuit est la nuit de mon histoire.

Au fil des ans, il y a eu diverses versions :

une où ma mère est agenouillée, nue, et supplie qu'on l'épargne en expliquant qu'elle était avec sa sœur Flo tout le temps ;

une où ma mère en robe cocktail empeste le parfum, le dessous de bras et le gin collins (dans cette version, elle garde la tête haute et envoie paître mon père) ;

une autre où la porte s'ouvre magiquement pour laisser entrer un courant d'air glacial qui tire mon père de sa transe meurtrière.

Au fil des ans, j'ai fini par me fabriquer une version zéro :

ma mère, dont la grande beauté à l'adolescence lui avait permis d'espérer mieux que mon frère et moi comme avenir, a appelé une gardienne pour aller montrer au monde son allure de star dans un bar-motel du boulevard Taschereau. Mon père est rentré plus tôt que prévu, étonné de trouver une gardienne. Quand ma mère est rentrée pompette, mon père l'a visée avec une arme de chasse en la sommant de lui dire avec qui elle avait couché. Devant le fusil armé, elle est allée me chercher pour servir de bouclier. J'ai pleuré un an et quand j'ai cessé de pleurer, tout est rentré dans l'ordre.

C'est comme ça que l'ordre a commencé : avec mon silence.

L'ordre a duré jusqu'au début de mes souvenirs.

L'ordre avait l'air de ça : mon père se fait rare et ma mère, résignée à son sort, prend ses médicaments (une alternance de somnifères et d'amphétamines) et maigrit jusqu'à l'os.

Le silence, en poésie, c'est un poète japonais qui me l'a montré bien des années plus tard en m'offrant du thé. Quand il a lu ses vers devant moi, sa voix, ordinairement hésitante, presque bègue, est devenue sûre et belle. Je ne me souviens pas si sa main rythmait ses vers, mais il avait une façon de faire ses pauses qui rendait le silence riche et prégnant. C'est une magie que j'aurais dû connaître à force d'en ânonner la définition dans mes examens de solfège : quart de soupir, demi-pause, point d'arrêt… mais rien ne m'était rentré dans la tête avant cet après-midi où Shikatani était assis devant moi – deux chaises droites qui se faisaient face – à lire son poème qui parlait de saumons sauvages. Ses pauses étaient émouvantes. Porteuses d'une tension qui montrait la précarité de la voix humaine. Quand il a eu fini son poème, il s'est tu et c'est devenu inquiétant comme la mort.

La poésie préfère la communion à la communication. Cette idée, qui remonte à une pythie delphique, a une place dans mon histoire. Claire à mes yeux, elle est reçue avec suspicion par mes amis poètes. On croit que je provoque. On se défend en disant : « Je communique, moi ! » Alors je tempère, je bafouille et finalement je m'empêtre en reconnaissant que ma conception de l'altérité est instable. Je finis par penser, dans mon coin, que la solitude est essentielle au poète et que la communion est une façon de pallier l'isolement.

Pour moi, l'autre est une notion qui commence avec mon frère. Et il y a peut-être là une image de mon problème avec les autres poètes.

Enfants, mon frère et moi n'avions pas d'« activités dirigées ». Il parcourait le monde extérieur avec ses champs, ses trous d'eau et ses amis, tandis que moi, en bon repoussoir, je me sentais obligé de garder le fort où croupissaient les traîneries sous les meubles, où fermentaient les tas de linge sale et où dormait ma mère, abrutie par les narcotiques. Pour une raison qui nous était tue et qui avait rapport aux activités mafieuses de mon père, dans cette banlieue excitée par l'essor des électroménagers, nous n'avions pas de téléphone. Cet objet figurait pourtant sur la photo du trousseau de mes parents, mais des années de négligence ont fait que j'ai passé le plus clair de mon enfance dans une maison sans téléphone, sans tourne-disque, sans téléviseur. Les objets se brisaient et les faire réparer aurait forcé mes parents à entrer en contact avec le monde extérieur.

Je me souviens de ce jour où ma mère m'avait envoyé chez les voisins d'en face téléphoner à l'épicier. Je m'étais figé devant l'appareil. La bonne (elle s'appelait Irène) avait deviné mon désarroi et m'avait montré comment composer le numéro. Il fallait tout me dire : mettre le doigt vis-à-vis du chiffre, tourner, laisser revenir la roulette. J'avais peut-être neuf ans. À ce jour, cette honte est intacte.

Les jours de pluie, mon frère restait dans sa chambre à faire des expériences scientifiques avec de la paraffine, de la cendre et des pièces de monnaie. À titre d'assistant, je restais assis sans intervenir. Si j'avais le malheur de déranger, j'étais renvoyé dans ma chambre, où je finissais la matinée en suivant le travail d'une araignée entre deux châssis.

Comme poète, je profite à revivre ces silences mornes. Contrairement à cette idée qui veut que l'artiste se forme à l'expression, ma condition est davantage liée au silence qui m'a été imposé. C'est de n'avoir pas eu le droit de parler qui a fait de moi un écrivain.

Depuis mon clavier, je revisite l'enfance pour retrouver ces zones prégnantes et je joue à les animer. Je suis un bébé qui répond, un bambin qui raisonne, un garçon qui parle en devin. Je fantasme ma mort prématurée, toujours spectaculaire, une fin tragique qui laisse mon entourage dans un gouffre de remords sans fond, prise un, prise deux… Je peux le faire avec des instants dont je n'ai aucun souvenir, à partir d'une photo ou d'une histoire rapportée.

Quand j'entre dans une photo, j'y reste des heures. L'exercice m'a donné plusieurs strophes. Les photographies me parlent comme des tarots.

Il n'existe qu'une seule photo où nous apparaissons tous en même temps, mes parents, mon frère et moi. Notre unique effort de vacances : trois jours aux États-Unis en 1968.

En général, je passais juillet assis sur le perron

à attendre que l'été finisse. Je guettais les passants pour leur dire allo. Il y en avait. Ma mère s'était mise à la broderie et mon père disparaissait. Quand elle en a eu assez de sa désertion, elle l'a sommé de nous offrir des vacances en famille. Nous avons été trois jours aux États-Unis faire un golf miniature, un parc thématique où surplombait une réplique colossale de Paul Bunyan et un tour de bateau sur le lac George. Ensuite nous sommes rentrés et l'article *vacances en famille* a été rayé pour qu'on n'en parle plus.

Sur l'unique portrait de famille, nous sommes sur le pont du *Mohican*, un bateau de croisière qui sillonnait le lac George dans l'État de New York. Notre groupe est forcé. Mon père dépose ses mains pataudes et lasses sur l'épaule de mon frère et la mienne. Nous portons des t-shirts plastronnés d'une fleur de lys avec le mot *Québec* en rouge à la base et *la belle province* au-dessus. Cette tenue identique est exceptionnelle. C'est un geste identitaire : nous étions aux États-Unis et nous voulions afficher fièrement notre différence. Mon frère a l'air de patienter, il pince les lèvres. J'ai l'air fâché, un peu boudeur. J'ai probablement dû me chicaner avec lui plus tôt au sujet de la palette de chocolat que je tiens à deux mains. Ma mère s'est ajoutée en insérant son bras gauche dans notre trio. L'angle de son hanchement donne l'impression qu'elle veut nous tourner le dos. Mon père l'amarre plus qu'il ne la tient. Elle est décharnée et poseuse. Foulardée (il vente sur le bateau) et portant des lunettes de soleil blanches en amande. Un peu starlette. La seule qui sourit au touriste obligeant qui nous a pris. L'inconnu nous a décentrés : la moitié gauche du portrait est occupée par une pancarte battant sur une chaîne (*Défense de passer?*) rendue illisible par le vent fort.

Je me rappelle maintenant que c'est ma mère qui a demandé au touriste de nous prendre en photo, comme c'est elle qui a exigé que nous prenions des vacances en famille. Ces exigences, nées d'un ras-le-bol de la vie marginale que nous faisait mener mon père, n'ont pas duré. Les activités normales étaient laborieuses. Personne ne s'y reconnaissait. Malgré des instants de franc plaisir, ces trois jours nous sortaient tellement de nos ornières que je me souviens davantage de leur étrangeté.

Au retour des États-Unis, ma mère s'est trouvé un emploi et, l'année suivante, elle faisait ses valises sans regarder derrière elle, animée par une force capitale. Elle a tout laissé.

J'aime décrire les photos.

Décrire m'apaise.

L'inventaire me rassure.

Notre unique photo de famille donne l'impression que nous sommes obligés d'être là. Elle a beau être le dernier éclat du phosphore avant qu'il ne meure, le résultat demeure terne.

Quand je ne peux pas expliquer, je raconte. Quand je ne peux pas raconter, je prie. Prier est la forme noble de mon silence.

Je reviens à mon idée de communion. Le poète ne commerce pas avec l'autre, il abandonne ses poèmes comme on exposait ses enfants sur la place publique au XIXe siècle en espérant qu'une bonne âme les prendrait en charge. Il *expose* ses poèmes avant l'aube sur le parvis de l'église.

Dans cette perte, il y a son salut et sa croix.

Je ne m'adonne pas à la poésie de célébration. Lire un poème d'amour à sa dédicataire est un contrat qui ne m'inspire pas. Mon instinct me fait craindre ce qui éloigne de la vie. J'ai trop longtemps lutté contre le plaisir simple pour ne pas être certain qu'il est crucial dans mon parcours. C'est venu à un âge tardif, mais je m'incline devant le vivant.

L'objet de la célébration est aimé, baisé, servi d'attentions, nourri de *fettuccine alle vongole*, abreuvé de sancerre et entouré d'écoute. En faire une copie papier ? Pourquoi donc ? Pour assujettir le sentiment ? dompter la démesure ?

Quand on aime, on aime. Point.

J'ai pourtant le souvenir d'avoir pensé que le poème pouvait trouver une place honnête dans le charme ou le sort : pour appeler la chose ou séduire l'objet.

Le poème comme monnaie.

Et je suis touché par toute littérature, qu'elle soit éloge ou non, qui repose sur l'histoire d'un échec ; je suis touché par le poème qui donne forme et rythme à l'abandon. Le poème né d'un amour qui n'a pas eu lieu.

Prenons Jean-Pierre Roy dans un collège de Varennes au cœur des années soixante-dix. Lui et moi formions une équipe en biologie, au secondaire. Les écoles riches disséquaient des souris vivantes et réservaient aux étudiants tout un après-midi pour la procédure. Notre école, elle, avait acheté deux barils de ouaouarons marinés. Les bêtes étaient raides comme des pneus et une bague à la patte nous permettait de retrouver notre batracien d'une période à l'autre. Au fil des jours, on perdait un poumon, un rein, et à la fin de la semaine, on remplissait notre couenne vide en se servant dans la flotte de viscères. On rembobinait l'intestin grêle et on se remettait au questionnaire descriptif.

Jean-Pierre Roy fonde un type qui me suivra longtemps : le bon frère, solaire et supérieur. L'homme au-dessus du commun qui daigne m'accorder son attention. Il était beau comme Tintin : pâle, lèvres roses, yeux bleus, un peu blond. C'est lui qui menait les opérations avec les organes caoutchouteux du *Rana pipiens*. Moi, j'écrivais. Je parlais peu.

Nous étions vifs et réglions en quelques minutes ce qu'on nous donnait une heure à faire. Le reste du temps était consacré à des exposés sur ses goûts personnels. Sur sa raquette de ping-pong – une Jelinek –, la meilleure marque. Sur son vélo dix vitesses – un Peugeot –, le plus cher. C'est d'ailleurs avec ce Peugeot qu'il avait piqué une fouille en dévalant une côte et s'était cassé la clavicule. D'un doigt, il a tiré le col de son polo pour découvrir sa clavicule anormalement épaisse (une conséquence de la cicatrisation osseuse) et, bizarrement, d'un rose pourpré.

— Pourquoi c'est de cette couleur?

Il a levé les yeux avec une compassion un peu théâtrale pour mon ignorance :

— C'est normal.

Il restait comme ça, le col étiré, les yeux en l'air, puis il s'est mis à soupirer, comme quand je tarde à comprendre ce qu'il m'explique. Il m'a dit :

— Ben!

— Ben quoi?

— Touche!

Je n'osais pas. C'était trop intime. On était quand même en classe. Il insistait et j'ai obéi pour qu'on passe à autre chose. J'ai posé l'index sur la cicatrice rose, platement, comme on appuie sur une sonnette. Évidemment, il a éclaté de rire. Puis il m'a dit, plus ferme :

— Tâte ! Tu vas voir l'épaisseur.

J'ai pincé l'os de tout son long. C'est vrai qu'il était plus épais que la normale. La peau neuve était fine et rose foncé.

Il m'a expliqué comment on avait dû lui introduire une broche dedans, parce que mettre un plâtre là-dessus est apparemment impossible. J'ai grimacé et il a joui de mon empathie.

Une fois, dans la cour de récréation (étions-nous en ligne pour une partie de ballon-poing ?), il m'a invité à passer le week-end chez lui. Pris de court, j'ai été incapable de répondre et mon hésitation a passé pour un oui.

Nous prenions le même autobus pour rentrer de l'école. Je descendais à Fatima, une paroisse excentrée de Longueuil ; lui continuait jusqu'à Saint-Lambert, une municipalité qui avait la réputation d'être peuplée de snobs.

Le vendredi soir, dans l'autobus qui devait me mener à Saint-Lambert pour passer tout le week-end chez Jean-Pierre Roy, j'étais transi, le front blanc, les mains mouillées et je sentais mes artères battre fort dans ma gorge. Si je devais dormir dans sa chambre, j'aurais tôt ou tard à me dévêtir. Et lui aussi. Je n'imaginais rien, je ne savais qu'une chose : ce qui m'attendait ressemblait trop à la mort.

Rendu à mon arrêt, au lieu de rester en place pour continuer jusque chez lui, j'ai couru vers la sortie comme si ma vie en dépendait. Jean-Pierre a bondi de son siège :

— Mais qu'est-ce que tu fais, on va chez moi !

Voyant qu'il s'était énervé devant les autres, il s'est rassis aussitôt pour prendre un air détaché.

J'avais fui et j'ai passé le week-end à ne pas y penser. Je profitais de chaque silence, de l'ennui, de l'oisiveté. J'étais sauf mais mon monde intérieur était un étang glauque saturé de bêtes blêmes.

Voilà donc ce qui fonde mon goût sexuel pour le même : une clavicule bien dure dans des relents de formol. Quant à mon goût pour les filles, le parfum est différent. Je retiens une histoire où Diane C. est au centre de ma curiosité épistémophilique, en tenant le rôle de la grenouille. Avec sa senteur bien à elle.

L'odeur des êtres m'informe. Autant que leurs paroles ou leur visage. Sentir une peau ne trompe pas. Par exemple ce souvenir de mon enfance : je dors avec ma mère. Enfants, mon frère et moi bondissions du lit aux premières lueurs matinales : il filait dehors et moi, affamé et lassé de ne pas faire de bruit pour ne pas la réveiller, j'allais rejoindre ma mère dans son lit pour me rendormir avec elle dans sa chaleur fiévreuse et sa senteur salée rappelant la cigarette et le lait suri. Dormir avec elle jusqu'à midi est devenu une routine, puis une règle.

Nous étions des enfants, Diane C. et moi. Je me souviens de ses yeux bruns aussi foncés que vifs et de sa peau bronzée, été comme hiver, comme s'il n'y avait eu que des Mohawks dans son lignage. Elle incarnait l'image que j'avais des Iroquois : capable de violence et généreuse.

Un jour, pour riposter à un de mes mots, elle a pris un slingshot pour m'attraper avec une roche. Elle m'a visé, l'œil malicieux, la langue sortie, puis elle a étiré l'élastique dans le sens inverse. Tout s'est passé furieusement. Elle s'est tiré le caillou dans le sourcil.

C'était une bonne personne. Elle était souple, accommodante et on n'avait pas à la prier longtemps pour qu'elle se mette toute nue. Même en plein soleil. Même cette fois sur le perron d'en arrière où on a été surpris. Elle était couchée sur le dos, sans vêtements, offrant son corps à la science. L'expérience du jour consistait à poser mon nez sur sa vulve et à respirer pour voir.

Ma mère est apparue avec un panier de lessive, derrière la moustiquaire :

— Qu'est-ce que vous faites là ?

— Une expérience.

— Vous pourriez au moins vous cacher.

Diane C. a remonté sa petite culotte et ma mère a commencé son étendage sans plus de commentaires.

Par la suite, j'ai pris mes distances avec Diane C., pas à cause de l'expérience avortée mais à cause de ce qui est arrivé, le dimanche suivant.

Nous n'allions pas souvent chez mes grands-parents paternels. Ils avaient une sorte de domaine luxueux en bordure du lac Saint-Pierre. Dans une percée de la haie de cèdres, le nom de mon grand-père sur la boîte à lettres était précédé de « Hon. » pour Honorable, vestige de ses années en politique sous le règne de Duplessis. Bref, en termes de bonne société, on aurait pu croire que mon père s'était marié nettement en dessous des attentes du clan. Il avait connu cette fille à seize ans, peut-être plus tôt, et l'avait mariée enceinte pour éviter la prison (il en avait presque trente et le délit s'appelait alors, vulgairement, *détournement de mineure à la débauche*). Ma mère était poliment reçue même si elle était à moitié anglaise, soupçonnée de la plus grande vulgarité et perçue comme une erreur de jugement que mon père allait payer toute sa vie. En plus, elle était belle comme une star parmi douze belles-sœurs hommasses et elle fumait au lieu d'aider à la vaisselle.

Alors que mon frère et moi, avec un cousin qui se trouvait là, allions au bord de l'eau à l'affût de têtards, mes parents restaient à jaser dans la grande cuisine. On nous gardait pour le souper.

Un de ces dimanches après le repas, on m'a recommandé d'aller aux toilettes avant de prendre la route, et en revenant dans l'immense cuisine, tous les adultes, mon grand-père honorable, ma grand-mère, mon père et ma mère, tout le monde m'a regardé avec un sourire entendu. Je trouvais bizarre, très bizarre de voir ma mère ralliée à ses beaux-parents. Pourquoi était-elle tout à coup des leurs? Le caractère insolite du portrait m'a tant surpris que je me suis figé comme une proie.

J'ai demandé ce qui se passait et on ne m'a pas répondu. On ne répondait pas aux enfants. On a murmuré quelque chose en ricanant.

On n'a pas eu besoin de me dire : ma mère avait bavassé. Maintenant, tout le monde savait pour mon expérience avec Diane C.

Ma mère était rayonnante. Je venais de prendre le relais du commentaire. Elle me cédait sa place. Ma sexualité et non la sienne est devenue l'anecdote dans la famille de l'Honorable. J'étais marqué ; j'étais un enfant *cochon*.

La révélation de ma mère, au demeurant amusante, m'a anormalement humilié. Je suis devenu secret. Tout désir intime serait désormais protégé. Clandestin. Il s'en passerait des lustres avant que je ne retrouve cette odeur de sexe féminin que m'offrait Diane C., ce poivre excitant qui me rendait grave, qui chatouillait les tréfonds de ma colonne vertébrale et qui me rappelait les doigts de ma mère endormie.

Déplacer une virgule change le poème. Le genre est un bon terreau pour la névrose de la perfection. Je passe des éternités à ôter un mot, pour le remettre, pour l'ôter de nouveau. Finir un poème, c'est faire son deuil des variantes.

Je connais trop le plaisir à retenir, à retarder. Comme prendre son temps à s'endimancher. Après le souper du dimanche (invariablement une boulette de bœuf haché brûlée noir avec une flaque de patates pilées instantanées), mon frère et moi lambinions en endossant notre costume avant de retourner au *pensionnat*. La cravate bleue avec ou sans la perle piquée? La perle piquée vis-à-vis du cœur ou au tiers inférieur? Je niaisais à tester ça sur mon costume.

L'orphelinat imposait aux pensionnaires un uniforme pour les événements officiels, les rentrées et les sorties. Mon frère y était depuis un an quand on a décidé que je m'ennuyais de lui.

Ne sachant trop comment m'annoncer que mon sort avait été décidé, ma mère a eu l'idée de présenter le projet comme s'il venait de moi. Cette précaution avait l'intérêt de masquer presque totalement son soulagement à l'idée de me voir décoller. Car j'étais collant. Avec l'âge de raison qui pointait, dormir avec elle du petit matin jusqu'à onze heures devenait dérangeant.

Je ne voulais pas aller au pensionnat, je voulais rester à la maison, collé à son train à longueur de journée. Mais il m'arrivait d'être bruyant et je nuisais à son monde intérieur. Elle s'est donc accroupie pour se mettre à ma hauteur et, avec une voix tout miel, elle m'a demandé, en hochant la tête pour me souffler la réponse :

— Tu aimerais aller retrouver ton frère, hein ? Tu t'ennuies de lui, hein ?

Mon père se tenait derrière elle. Des années plus tard, il m'a avoué que l'idée venait de lui : il avait connu l'Orphelinat catholique et ce qui avait été bon pour lui était nécessairement bon pour moi. Je me souviens qu'il était derrière ma mère dans la cuisine, je ne me souviens pas s'il avait l'air impatient ou solennel. J'ai baissé la tête et j'ai murmuré un oui qui a dû sonner comme une question. Ma mère s'est relevée sec en déclarant : « Il veut. » J'avais cinq ans et une semaine, et je venais de décider de mon destin. Une vie entière d'angoisse et de pusillanimité m'attendait.

Deux semaines plus tard, je portais un veston marine avec une cravate bleue que je piquais d'une perle au dernier tiers. J'apprenais comment entretenir le pli de mon pantalon gris en pinçant le tissu au genou avant de m'asseoir ou de m'agenouiller. J'apprenais à cirer mes souliers avec un compact de pâte noire, une brosse et un chamois. Je mesurais trois pieds et demi et j'étais droit comme un petit monsieur, poli comme un immigrant qui file doux.

C'est mon père qui m'a reconduit à l'Orphelinat catholique des Sœurs grises sur le boulevard Décarie. Il est venu avec son « boss », un gros homme élégant qui sentait l'eau de Cologne et qu'on nous avait habitués à appeler « mon oncle » Léo. Je ne l'ai jamais vu sans un bout de cigare dans la bouche. Quand une sœur grise a empoigné ma valise et m'a pris par la main, ils se sont mis à brailler comme des veaux. Je ne me souviens pas de ça (mon père et « mon oncle » Léo qui se mouchent et s'essuient les yeux dans le parloir), mais ça m'a été répété maintes fois par la suite. Deux gangsters qui pleurent mon entrée dans un monde carcéral est une page colorée de mon folklore.

Ce régime pénitentiaire dans des lieux anciens qui sentaient la cire à plancher et la créosote a été notre salut. Mon frère et moi mangions trois fois par jour, souvent des *charités*, c'est-à-dire de la nourriture prête à jeter que les commerces du quartier transformaient en don, souvent de la soupane (un gruau très, très allongé). Pour faire maigre les vendredis, on nous servait de la sauce farineuse où flottaient des morceaux d'œufs durs ou un carré de morue malodorante. C'est chez les Sœurs grises que nous avons atteint un poids normal et que nous avons appris à écrire. Notre quotidien était plein et sans variante. Dur et sensé.

Nous sortions le vendredi soir, pour revenir à la maison. Dès qu'on franchissait le seuil du bungalow de la rue Fontainebleau, on ôtait nos uniformes et mon père en profitait pour aller retrouver sa raison de vivre : l'homme qu'on appelait « mon oncle » Léo.

En rentrant, on se lançait bras ouverts sur notre mère qui détournait la tête pour garder sa cigarette entre ses lèvres et la vie reprenait là où nous l'avions laissée. Le désordre du salon, la poussière, les assiettes cimentées par la crasse sous les meubles, le linge sale en monceaux dans le passage.

À travers la vitre givrée par le goudron amer des Du Maurier, je regardais les araignées travailler entre les fenêtres, et mes draps sales dégageaient une odeur de levure capiteuse et réconfortante. J'aurais voulu suspendre le vendredi soir et que durent éternellement cette jubilation des retours au bercail et ces plongées dans la vacuité totale.

Quand arrivait le dimanche soir, il fallait retourner au collège. Le sentiment de la mort imminente commençait à se manifester vers trois heures. Alors que les autres, dehors, s'amusaient insouciants, une autre semaine de discipline nous attendait. Cinq jours à nous mettre en rang en silence. On se résignait comme pour l'échafaud. On posait notre cravate, on y piquait une perle au dernier tiers, on cirait nos souliers. Et on se dirigeait la tête basse vers la voiture de « mon oncle » Léo qui nous ramenait à notre éducation.

Sur la banquette arrière, notre capacité à garder le silence était remarquable. Mon père en récoltait des félicitations. Les sœurs nous avaient appris à ne pas répondre. *Répondre* était un comportement qui pouvait nous valoir une variété étonnante de punitions, allant du soufflet cinglant à la férule sur les doigts en passant par une clé de bras digne d'un lutteur du Centre Paul-Sauvé

ou, assez fréquemment, une pince bien solide
sous la base du crâne qui fouillait les tendons cer-
vicaux comme pour les décoller et qui semblait
s'éterniser.

— Sont bien élevés, tes gars, marmonnait
« mon oncle » Léo au volant de sa Cadillac.

Et mon père vibrait de fierté.

Mon premier geste d'écriture – écrire excité à l'idée que ce sera montré – est une carte postale envoyée à ma mère depuis le collège de Rigaud. J'étais maintenant en quatrième année chez les Sœurs de Sainte-Anne. J'avais composé mon texte avec deux buts précis : rassurer la destinataire qui se sentait menacée par un maniaque sexuel et relancer mon ami Daniel Provost.

Rigaud est un village dont l'industrie principale a été, jusqu'à la Révolution tranquille, les collèges. Un village de clercs de Saint-Viateur et de sœurs de Sainte-Anne qui géraient couvent, collège classique, pensionnat et la boutique d'objets de piété qui flanquait le célèbre champ de patates (le folklore catholique veut qu'un cultivateur ayant travaillé le dimanche ait vu sa récolte de patates se transformer en pierres rondes). J'y ai fait ma quatrième année dans un établissement qu'on appelait le Jardin de l'enfance avec Daniel

Provost, un gars de mon âge, maigre et rieur, voisin à Fontainebleau, que ma mère appelait *un accident de ménopause.* Son père était un marchand de tapis qui faisait fortune sur le boulevard Curé-Poirier. La fourchette d'âge des enfants Provost faisait que Daniel avait des neveux plus âgés que lui. Je trouvais ça formidable comme un sixième doigt. Ses parents le gâtaient : il passait ses vacances en Floride et rapportait des gadgets dernier cri. Des porte-clés. Des quarante-cinq tours des Jackson Five. Des Hot Wheels. Il me laissait jouer avec son magnétophone portatif : je tenais le micro, il s'enregistrait et nous le réécoutions. Notre amitié reposait sur mon obéissance.

Mon père le haïssait. Quand je mentionnais Daniel, il serrait les dents et soufflait fort. Cet enfant gavé qui parlait librement *allait le chercher* à tous coups.

On faisait le voyagement Rigaud-Longueuil ensemble, en train d'abord, puis dans le métro tout neuf de Montréal.

Le collège de Rigaud a été une expérience triste. J'étais séparé de mon frère, et la religieuse chargée de mon dortoir, sœur Théberge, m'avait ciblé comme lambin. Décidée à me donner en exemple, elle m'humiliait à l'heure des ablutions en me frappant d'une débarbouillette mouillée derrière la tête ou en décrivant à voix haute mes gestes quand je me lavais les pieds. Sa voix traînante se voulait comique.

L'humiliation avait encore, dans les années soixante, une valeur pédagogique qui allait de concert avec les méthodes catholiques. Je souffrais d'être ridiculisé par sœur Théberge au point de me sentir vaguement engourdi par la honte, mais le dolorisme avait fait son chemin dans mon esprit et je savais que c'était ma *fonction* auprès des autres. J'étais l'exemple à ne pas suivre, mais les autres ne devaient pas écouter parce qu'en dehors des lavabos, quand cette sœur n'était pas là, dans la cour de l'école, ou aux cours d'éducation physique, j'avais la paix. Je n'ai jamais été ciblé à l'heure des récréations. J'étais totalement ignoré. Sauf par sœur Théberge qui me haïssait au point de s'en exciter en arpentant les lavabos.

Rigaud était si loin de chez moi.

Daniel recevait des lettres épaisses de sa mère, des pages et des pages. Je le regardais lire et je l'enviais. J'ai décidé d'écrire à la mienne; elle me répondrait et j'aurais moi aussi mon courrier. Nous pourrions, quand l'occasion se présenterait, comparer.

J'ai acheté une carte postale au parloir, un cliché en noir et blanc du collège pris dans les années cinquante, et j'ai rédigé un petit texte à l'encre rouge, l'encre bleue me semblant un peu ordinaire pour l'événement. Je n'avais rien à dire. J'ai parlé du temps (c'était une belle journée claire, à l'automne) et j'avais tassé la dernière phrase dans le coin avec une graphie rapetissée qui remontait la marge pour finir presque illisible. Je parlais de la saison, des feuilles colorées, du soleil, et je finissais en disant : «… un petit vent, ça réveille. » Je voulais lui changer les idées, la réveiller, la divertir. Mettre un peu d'air frais dans sa cellule fermée.

Ma mère était forcée à une vie casanière qui l'exposait tout de même à certains dangers. Un samedi, alors que nous étions tous les deux dans la cuisine, devant son café instantané tiède et ses cigarettes, elle m'a confié à voix basse qu'un maniaque l'épiait quand elle lavait le linge dans la cave à deux heures du matin. La nuit, elle n'arrivait pas à dormir et, les seins à l'air – elle dormait nue –, elle descendait à la cave laver du linge à la main, très innocemment. Un homme, toujours le même, toujours aux mêmes heures, venait la regarder dans la fenêtre, il baissait ses culottes et, au bout d'un moment, il *salissait* la vitre. Je l'imaginais lançant une poignée de terre boueuse dans la vitre, ce qui ne m'étonnait pas de la part d'un fou. Ma mère, compatissante, refusait d'appeler la police. Mais je voyais bien que l'affaire ne la laissait pas indifférente.

Elle a été amusée par la carte qui lui parlait du vent d'automne. Elle l'a même exposée quelque temps sur la tablette du foyer. La semaine suivante, Daniel a reçu sa correspondance-fleuve et j'ai rédigé une nouvelle carte. Je n'ai pas de souvenir du contenu de cette deuxième carte. Je ne voulais pas parler du temps encore une fois. J'ai dû inventer une anecdote. Quand j'ai compris que je n'aurais jamais de réponse, j'ai cessé les envois.

L'absence de retour me donne l'impression que ces cartes écrites en rouge, ces appels vains ont conditionné ma tendance à la poésie : des formes brèves, lancées à personne.

Mon premier geste de fiction a eu lieu l'année suivante. Cette fois, j'étais rendu chez les Sœurs de la Providence dans un collège du boulevard Pie-IX. Sœur Yvette nous avait demandé d'écrire une histoire de deux pages. Inarrêtable, j'en avais fait huit. Et encore là, ce n'était que le premier chapitre. Quand le chronomètre a sonné, j'ai écrit, comme dans les bandes dessinées belges qui constituaient l'essentiel de ma culture : *À suivre*.

L'histoire était rocambolesque. Un garçon lit un livre qui mentionne le nom d'une tribu africaine. Il demande à son père s'il connaît ce nom. Le père, qui était en train de fumer une pipe dans sa bergère en lisant son journal, répond qu'il ne sait pas. On regarde dans le dictionnaire et on ne trouve rien. Le père se lève et annonce : « Allons vérifier ! » Ils partent en expédition en lançant à la mère qu'ils comptent rentrer à temps pour le souper. Ils prennent l'avion et arrivent au cœur de l'Afrique chez les sauvages de la tribu en question. Ils sont capturés, ligotés et mis en marmite. Les danses païennes commencent alors que le feu monte.

Je ne me souviens plus de la fin du texte que j'ai remis à sœur Yvette, mais l'histoire était inachevée. Comment l'aurais-je développée ? Seraient-ils rentrés *in extremis* pour profiter du souper chaud que la mère avait préparé ? L'aventure aurait-elle multiplié les périls comme dans *Tintin* ? Je me souviens que la question du souper qui refroidit aurait fait problème si j'avais eu à donner une suite.

Sœur Yvette m'a fait venir pour me demander où j'avais pris ces idées-là. Elle voulait s'assurer que je n'avais pas copié. J'ai juré que non et elle m'a cru.

À partir de cette composition, elle m'a tenu à l'œil. Elle me posait des questions sur mon état, mes opinions, restait en retrait à mes heures de répétition pour écouter mes gavottes de Bach comme on prend la température d'un enfant chétif.

L'image des parents dans « l'histoire du mot introuvable » était directement calquée sur les bandes dessinées belges. Ma mère ne cuisinait pas et mon père, dans ses rares apparitions, titubait du lit aux toilettes, puis des toilettes au lit, vêtu de son seul slip. Son corps couvert de psoriasis était pour nous l'image même de notre mise à l'écart. On ne le touchait pas. Il nous adressait rarement la parole. Il venait récupérer ses forces à la maison avant d'aller retrouver son chef, « mon oncle » Léo. Personne d'autre ne l'intéressait.

Vingt ans plus tard, quand il a appris que j'étais écrivain, j'en étais à mon huitième titre publié.

Le mot *saveur* est celui que les Indiens utilisent pour qualifier la nature des événements. Tel geste goûte comique, avec un soupçon d'épice érotique et un arrière-goût de merveilleux. L'œuvre parfaite est celle qui arrive à produire un cari où toutes les saveurs (il y en a huit, qui vont de l'odieux à l'héroïque) en créent une nouvelle, totale, dite *paisible*.

C'est avec ces notions que les rhéteurs indiens arrivent à mettre le doigt sur ce qui différencie la fiction de la non-fiction. Le véridique serait autrement *relevé*.

Si j'adoptais comme posture de narration celle du mourant, du condamné, du réchappé, du *revenu des morts,* je pourrais écrire les plus lourdaudes inanités qu'elles seraient lues avec gravité et lestées d'une autorité certaine. J'écrirais avec une *saveur de vrai* augmentée d'un *soupçon de solennité* qui commande l'attention.

Ces facettes de l'énonciation m'intéressent. Ose-t-on critiquer les inepties d'un homme en phase terminale ? Je suis un artisan. Au vrai qui va de soi, je préfère le vraisemblable qui naît d'une cuisine. En termes d'autofiction – c'est malheureux pour ma voix narrative –, il me manque une épice pathétique : j'ai une santé de fer et une résilience étonnante. Déjà quand ma mère, enceinte de moi, se jetait en bas des marches pour les débouler cul par-dessus tête, elle arrivait toujours au plancher du sous-sol intacte et déçue. À quelques reprises, elle a couvert mon visage de nourrisson de cellophane pour laisser faire le hasard pendant quelques heures. Quand elle rouvrait la porte de ma chambre en s'apprêtant à hurler, elle me trouvait ronflant et rose, le plastique bouchonné à côté de moi. J'étais intuable.

Mes faiblesses sont apparues à l'âge où on commence à vouloir plaire.

Ma mère, qui avait une allure agréable, pouvait devenir spectaculaire quand elle s'y mettait. Avec une bouche rutilante, des sourcils crayonnés avec art, une robe noire moulante trop courte, aucun sous-vêtement et des escarpins qui l'obligeaient à se pencher exagérément, elle faisait tourner les têtes. Des éléments Jackie Kennedy avec un fond Marilyn. C'est ainsi qu'elle s'était parée quand on a pris le taxi pour le laboratoire du Dr Biron, rue Sainte-Hélène. On m'y attendait pour des prises de sang.

À force d'être sous-alimenté, j'étais devenu un enfant pâle. La théorie de ma mère : la thalassémie. Un mot qu'elle avait lu dans le *Marie Claire* de juin. C'était ça ou l'anémie pernicieuse. Ou bien, Dieu nous en garde, la leucémie. La malnutrition ne faisait pas partie de ses théories.

Le laboratoire du Dr Biron était un vrai laboratoire avec des cols de cygne, des brûleurs, des béchers et des armoires vitrées pour ranger les pots de ouate et les piles de gaze. L'infirmière n'avait pas de coiffe, mais elle avait un chignon.

L'odeur des lieux était faite d'un mélange de linoléum neuf et de pin auquel s'ajoutait une pointe d'éther.

On parlait sans s'adresser à moi. On préparait la séance de prélèvement sans m'informer de rien. On a ôté ma veste marine, relevé ma manche et ordonné de m'asseoir sur un tabouret. Quand le biseau de la seringue a pénétré ma chair et que j'ai vu mon âme pourpre jaillir dans le tube, j'ai défailli.

Je me suis réveillé allongé par terre avec tout le monde penché au-dessus de moi. L'infirmière achevait de relâcher ma cravate, et ma mère, magnifique dans son inquiétude, pressait ses seins contre le médecin en lui agrippant l'épaule. On me demandait de respirer.

Nous sommes rentrés et ma mère a attendu les résultats avec une anxiété qui la rendait intéressante. Elle n'hésitait pas à s'épancher auprès du premier venu.

Les analyses ont été décevantes : j'étais normal. Ma mère a d'abord exprimé un soulagement un peu théâtral, puis elle est redevenue morose. Quand je lui ai demandé si on devait retourner voir le Dr Biron, elle m'a répondu non sèchement, laissant croire qu'elle s'était brouillée avec lui.

C'était lamentable de voir cette dame radieuse, évoluant dans un film aux couleurs saturées, dériver dans la grisaille des semaines recommencées, dans la poussière de sa chambre, redevenir une fille aux cheveux gras qui se lève tard.

Je tâchais de ne pas faire de bruit pour ne pas la déranger.

Elle se levait un peu avant midi. Titubant jusqu'à la champlure de la cuisine pour se faire couler un café instantané.

Elle était redevenue fade.

Chose rare dans le Ville Jacques-Cartier des années soixante, les Chinois ont leur place dans mon enfance. Mon père les *passait.* Je me souviens d'un de ses collègues – un de mes « oncles » – qui riait de bon cœur en disant que le fond de l'eau devait être jaune dans le lac Champlain. La blague faisait allusion aux misérables qu'il avait perdus en chemin dans la traversée. Si par malchance les bateaux de la douane américaine se pointaient, les Chinois avaient comme consigne de sauter à l'eau. L'« oncle » avait toujours son *feu* sur lui et les Chinois obéissaient.

Ce qu'il me fallait comprendre, c'est que les Chinois étaient d'une race sympathique qui avait une valeur supérieure au hamster. Ce n'était pas du *vrai* monde. Sinon, comment pouvait-on trouver drôle qu'on les menace d'une arme pour qu'ils sautent à l'eau au cœur d'une nuit sans lune, qu'ils acceptent de se noyer au commandement d'un homme que mon père me demandait d'appeler « mon oncle » ?

Je ne sais pas ce que les Chinois pensaient de cet « oncle », mais je sais qu'ils estimaient mon père. Sa réputation de passeur était connue dans le Chinatown. Nous étions reçus comme des rois dans les restaurants. Bien des années plus tard, un vieux Chinois l'ayant reconnu en plein Manhattan l'avait remercié chaudement de lui avoir permis de refaire sa vie.

Mon père était payé et trouvait moyen de le faire avec bienveillance. Mais comment savoir, connaissant ses croyances suprématistes, s'il ne le faisait pas aussi dans un souci d'épuration ethnique? Pour nettoyer le Québec. Le racisme de mon père nous a donné les meilleurs moments de son histrionisme.

Ce travail était occasionnel. La dernière fois qu'il a accepté de le faire, il s'est fait prendre. Il a été mis en prison aux États-Unis en attendant une sentence de dix ans.

Il avait fait la passe avec un de ses amis, un « oncle » moustachu assez docile dont le bras gauche était légèrement paralysé. Ils ont passé les Chinois par le chemin habituel, et de l'autre côté des lignes, un convoi de policiers les attendaient.

Ils avaient été trahis. J'imagine qu'un parent des noyés du lac Champlain s'était fait un point d'honneur de les dénoncer.

Des années plus tard, mon père a résumé l'affaire avec cette phrase amère :

— C'est comme ça quand tu fais affaire avec des gens malhonnêtes…

Dans sa tête, il n'a jamais été un criminel, mais il a eu la malchance d'être victime. L'affaire remonte à 1971. Elle s'est terminée d'une façon assez secrète, et ce n'est que quarante années plus tard que j'ai su pourquoi il n'avait passé qu'une semaine et non dix ans dans une prison américaine.

Il craignait son père, l'Honorable Hormisdas Delisle. Quand il a compris que ses parents finiraient par apprendre que leur mauvais fils avait été écroué en bonne et due forme, il a tout mis en œuvre pour déjouer son sort. Il trouvait proprement inadmissible de purger sa peine. Il a donc proposé à son complice de prendre le blâme en entier :

— Explique-moi pourquoi nous devrions être deux à payer pour ça, il n'y a pas de raison. Penses-y…

Son talent l'a servi. L'ami au bras mou a passé dix années de sa vie dans une prison américaine alors que mon père est rentré au pays comme si de rien n'était.

Après cette aventure, il s'est mis assidûment à la vie religieuse, un quotidien fait de lecture de la Bible et de messes charismatiques. La repentance avait trouvé un nouvel élan. L'« oncle » moustachu est sorti de prison en 1980. Mon père l'a rencontré à quelques reprises. Dans un stationnement, la vitre baissée, marmonnant quelques mots pour prendre des nouvelles, puis – les vieilles habitudes ont la vie dure – pour lui tendre un petit sac brun contenant quelques milliers de dollars afin de dépanner son vieux pote mal pris qui était quand même, j'ai oublié de le dire, père de famille.

Le père de ma mère volait : des petits vols à l'usine qu'il racontait avec une fierté malicieuse. La mère de ma mère fraudait aux élections, des *télégraphes** qu'elle se remémorait de façon si cocasse qu'on en redemandait. Sa sœur aînée avait déjà été complice dans un hold-up de restaurant où elle était caissière. Quand les hommes ont fait irruption avec des cagoules et des armes, elle a *joué la niaiseuse*, mais elle était au courant de tout. Quand ma mère nous racontait ça, mon frère et moi restions interdits, mais pas scandalisés. Le crime était normal dans le décor de Ville Jacques-Cartier, comme une fonction dans un écosystème et, pour un enfant, ne portant pas plus à consé-

---

* *Passer un télégraphe, voter par télégraphe :* fraude consistant à voter sous le nom d'un autre.

quence que le choix d'un clan dans un jeu de guerre. Cow-boy ou Indien. Policier ou bandit.

Le crime existait naturellement comme le verso d'une fiche d'identité. Une fatalité.

Je savais pourtant qu'il y avait des choses à ne pas répéter. Je pouvais, par un mot dit au mauvais moment devant les mauvaises personnes, *faire pendre mon père*, selon une expression qu'il a pris le temps de m'expliquer, attention assez rare pour que je m'en souvienne.

La criminalité devenait taboue dès qu'on sortait de la maison. On devait la taire.

Par le silence.

Par des mots aussi.

Devant moi, mes « oncles » ne disaient pas *arme* mais *morceau* ou, de façon plus métonymique, *feu*.

J'avais mis mon feu dans le coffre à gants.

Il s'est débarrassé de son feu.

Oublie pas ton feu.

Quand il était question de mon père pour les Sœurs de la Providence, ou les Sœurs de Sainte-Anne, ou les Sœurs grises, ma réponse était toute faite. Je ne me souviens plus qui de mes parents m'a appris le mot *éboueur*, mais il était important que je le retienne. Si on me demandait de nommer le métier de mon père, je ne devais pas dire *passeur de Chinois aux lignes, ma sœur,* ni *fraudeur d'élections, voleur, arnaqueur, braqueur* ou *propriétaire d'alambic,* je disais :

— Éboueur, ma sœur, mon père est éboueur. Le mot était plus français que *vidangeur.* Je me souviens maintenant, c'est ma mère qui m'a appris le mot. Il n'y avait qu'elle pour me dire :

— Ton père est vidangeur. En français, on dit *éboueur.* Le français a toujours été pour elle non seulement une réalité étrangère, mais une réalité parallèle.

Mes camarades de classe avaient des pères gérant de banque, épicier, vendeur d'assurances, pompier décédé en service (cette image du lieutenant Larin me terrifiait autant qu'elle me remuait), directeur de quelque entreprise. Dans ma tête, je les voyais en uniforme, en costume, cravatés, casqués, écussonnés, toujours beaux comme pour une sortie. Quant au pompier mort brûlé, j'étais certain que sa photo trônait dans le salon des Larin comme une icône pieuse qui concentrait l'âme de la maison. Le père de Larin – un grand maigre anormalement taciturne – avait été sanctifié par l'incendie qui l'avait emporté. Je voyais à la fois l'auréole sociale et le joug quotidien d'un tel honneur. Il me semblait naturel que sa famille fût solennelle à tout moment de la journée, à table, au jeu, au salon, aux toilettes, au lit, comme des servants de messe infatigables.

Mon père n'était pas réellement vidangeur. Il a fait ce travail à quelques reprises pour dépanner « mon oncle » Léo qui venait d'acquérir une compagnie de vidanges sur la Rive-Sud. Le plus clair de son temps, il le passait à le coller. Il vivait pour son boss, son chef. Le vrai travail de mon père, c'était *second*. Il pouvait se passer des semaines avant qu'on ne le voie. Il avait même déjà eu sa chambre chez « mon oncle » Léo.

Les autres pères portaient des uniformes et tenaient des rôles. Mon père à moi ronflait en caleçon. Puis il se levait pour aller retrouver son chef et attendre ses ordres.

Les métiers nommables de mon père ont varié au fil des ans : associé, camionneur. Je ne me souviens plus des autres.

Le poème est icône. Le poème est oiseau. Le poème est fruit. La poésie a de particulier qu'elle peut se définir par n'importe quoi, pour autant que le lecteur ait la compétence de faire parler la définition.

Il en va pareillement pour l'inspiration. Qu'elle soit épiphanie ou surchauffe neurologique, ses manifestations dépendent d'un fond d'instruction ou, à défaut, d'un tempérament.

Deux exemples.

Mon père a toujours aimé chanter. Il avait une voix basse très vibrante, et dès qu'il commençait une chanson (souvent de Nat King Cole, souvent *Ramblin' Rose*), on lui disait qu'il massacrait la musique et il se taisait. L'empêcher de chanter était un jeu que nous adorions. Vers la fin, la fin de mon père tel qu'on le connaissait, il ne chantait plus. Je n'y voyais pas encore, depuis mes onze ans, le signe d'un cœur fermé, d'une peine qui fermente.

Il a recommencé à s'intéresser à la musique avec le gospel. Mais je saute une transition : entre Nat King Cole et Mahalia Jackson, il y a une journée particulière où il rencontre un tueur à gages le matin, puis un lettreur en fin de journée. Ma mère a pris ses cliques et ses claques pour suivre son étoile et faire sa vie de fille en ville ; mon frère et moi n'avions pas de place dans son rattrapage. Nous avons passé l'été seuls, apercevant quelques fois notre père en train de ruminer. Notre maison se taudifiait à vue d'œil.

Vers la fin de juillet, il a reçu la visite d'un dénommé Mongeon (nom fictif) qui, sympathisant, lui a proposé de casser les jambes de ma mère gratuitement. Si mon père préférait qu'il la descende, il y aurait un tarif d'ami. Orgueilleux, mon père a décidé de s'occuper de l'affaire lui-même. Il a levé les yeux au plafond où, sous les combles du toit, croupissaient des armes et des munitions, et il a marmonné pour lui-même : « Il doit me rester des morceaux. » Après avoir tout préparé, il a laissé une dernière chance au sort. Peut-être par superstition. Il irait faire une marche, il irait s'asseoir sur un banc quelque part, un arrêt d'autobus ou un parc, et il attendrait un signe. Si aucun signe ne se présentait, il passerait à l'action.

Il s'est assis à un arrêt d'autobus et il a

attendu. Au bout d'un moment, la fourgonnette d'un lettreur s'est arrêtée devant lui. Mon père connaissait l'homme, un charismatique un peu prosélyte mais inoffensif. Au terme d'un brin de jasette, il a remis à mon père un tract avec une adresse où il y avait prêche le soir même. Le pasteur invité était une sorte de star dans son domaine ; au dire du lettreur, il ne fallait pas manquer ça. Il est reparti tout sourire, épanoui. Intrigué par la paix intérieure de cet homme, mon père a glissé le papier dans sa poche et il est rentré à la maison, songeur. Assister à ces réunions pourrait lui servir d'alibi, en supposant qu'il accepte l'offre de son collègue de descendre ma mère.

Il s'est présenté à la mission, pour aller tâter le terrain. C'était un local des plus quelconques. Des chaises. Du café.

L'illumination a eu lieu. Le blanchiment par la grâce. Il est ressorti de la mission lavé de son passé. La haine, l'orgueil, la passion, les projets d'avenir, tout a fondu. Il était libre. Il a enterré ses armes dans la cour (il ne pouvait quand même pas les mettre au chemin le jour des vidanges). Dans les semaines qui ont suivi, il s'est acheté un tourne-disque et des albums de Mahalia Jackson. Il passait ses journées à sangloter, à prier, à hurler *Praise the Lord* ou à lâcher sans prévenir, comme un tic de la Tourette, des alléluias. Pour mon frère et moi qui cuvions déjà le désarroi d'un divorce à venir, ce numéro de cirque était pénible.

Mon frère ne parlait pas. Il restait bourru, me trouvait téteux et me frappait dès que j'approchais de lui. Je retournais me coller, comme pour en redemander. J'aimais ses coups de poing sur mon épaule.

De son côté, mon père faisait des *gestes*. Comme prendre un pinceau large et taguer les murs du sous-sol de propagande chrétienne. Ou, ce qui nous faisait mourir de honte, déclarer « Jésus vous aime » à de purs étrangers.

Bien sûr, j'ai été forcé de participer à sa nouvelle vie. Deux fois par semaine, je devais le suivre dans ses missions et me taper des prêches charismatiques. Quand les Indiens s'en mêlaient, ça virait au freak show. J'ai fait longtemps le cauchemar d'une Mohawk qui avance vers moi, le pas de zombi, les yeux révulsés, les joues luisantes, les bras au ciel, au milieu des lamentations. Les missions se terminaient en général par des beuglements, du braillage et du dandinement. J'avais onze ans et assez de fierté pour ne pas suivre le mouvement. Quand je l'ai vu pleurer avec les convulsionnaires, ç'a été la fin pour moi. J'étais nostalgique de ses années de pègre avec « mon oncle » Léo, quand il était toujours élégant, tiré à quatre épingles. Cool. L'œil malicieux. Maintenant il morvait en braillant des cantiques. Ma honte est restée cristalline.

Autre souvenir précis de ces soirées, une blonde aux cheveux raides, folk mais boutonnée jusqu'au menton, traîne sa guitare sur l'estrade et chante une « ballade de la crucifixion » dont le refrain va ainsi : *He could have called ten thousand angels, but He prefered to die for you and me.* Je me souviens mot pour mot du refrain d'une chanson entendue une seule fois dans un contexte que j'ai viscéralement abhorré. J'ai mis ce vers de côté pour l'avenir, comme une clé pour rouvrir un vieux coffre. Si mon père n'avait pas choisi de faire *mourir le vieil homme*, je ne serais peut-être pas en train d'écrire cette phrase.

Sur le chemin du retour, nous avons roulé dans un parc de sapinages interminable. Le ciel était noir et les étoiles étaient fortes, presque nettes. Il m'a dit : « Ton cœur se durcit, Mike. » C'est tout.

Il avait donc recommencé à chanter. Il lisait la Bible et il nous avait laissé la vie sauve. Comment dire à quel point nous l'avons haï.

Du côté de maman, l'inspiration s'est manifestée à l'autre pôle. On ne pouvait soupçonner, à la voir attendre l'autobus avec ses crayons taillés et son cahier à spirale sous le bras dans un sac de Reitmans froissé, qu'un cours du soir changerait sa vie.

Le professeur Manolesco donnait des cours d'astrologie dans un local loué dans un centre commercial. C'était un local des plus quelconques. Des chaises. Du café.

Elle a mémorisé le zodiaque, appris à tracer des cartes du ciel, à y découper douze maisons, à relier les astres en triangles (bon aspect), en carrés (mauvais aspect). Elle achetait des livres, passait des heures à annoter le *Sun Signs* de Linda Goodman, à barbouiller des éphémérides. Le professeur trouvait qu'elle avait du potentiel et lui demandait souvent de rester après les cours. Elle a tant progressé qu'au terme de la session il l'engageait comme assistante pour son émission de radio. Elle montait le thème astral d'une personnalité (souvent une vedette maison de CFCF) et le professeur l'interprétait en ondes. C'est ainsi qu'elle a rencontré des vedettes comme Magic Tom, Edith Serei et le Colonel Sanders. Elle nous a confié que, de tout le poulet, le Colonel Sanders ne mangeait que les ailes : potin que je me suis empressé de répandre.

Du thème qu'elle a concocté pour moi, elle n'avait que deux choses à me dire : plus vieux, je serais toujours attaché à ma mère et j'aurais de grosses fesses. L'oracle m'a laissé pantois. Mon frère avait devant lui un avenir de chasseur ou de savant émérite, selon des choix cruciaux qui se présenteraient à lui.

De fil en aiguille, avec les connaissances, les voyagements à Montréal, les payes et le regard des hommes, maman a fini par trouver le monde extérieur excitant. Un jour qu'elle contemplait une carte du ciel étrange (un horoscope carré tracé par une Indienne qui avait calculé l'âge de sa mort), elle a résolument claqué la porte de notre domicile, rue Fontainebleau.

Elle parlait désormais en termes de transit saturnien et d'attraction plutonienne, alors que papa était édifié par un ciel tout autre.

Mon frère et moi soupions de chips Duchess et de palettes de chocolat avec de l'argent qu'on nous donnait. Chacun dans sa chambre.

Dans ma solitude, je découvrais une nouvelle sorte de silence. Comme une attente sans avenir.

Une réalité sans souffle.

Pères

Pendant toute ma vingtaine, je m'adonne à une sorte d'écriture maniaque qui me permet de retarder mon rapport au monde : la liste. Ce jeu m'apporte une quiétude, aplanit l'angoisse des possibles. C'est un geste monacal qui m'accompagne dans la paix de la nuit. Mais il arrive que ce soit aussi l'œil du cyclone dans mes naufrages éthyliques et mes spirales sexuelles. Faire une liste de mots, de titres ou de noms est une escale avant les pérégrinations déchaînées.

La nuit, je m'abîme et dès qu'on m'aime, le voyage est fini.

Pendant toute ma vingtaine, je n'ai plus de contact avec mon père. Une fois, je le rencontre par hasard dans le métro et il ne se souvient pas de moi. Il faut que je me présente. Nullement mal à l'aise, il m'écoute puis continue son chemin. Ce qui a suivi cette rencontre est vague dans mon souvenir. Il est probable que j'ai cherché une poitrine replète pour me consoler ou les bras d'un homme pour me blottir.

Je reçois quelquefois des lettres de mon père. Je les reconnais tout de suite à leur épaisseur et à leurs timbres : il les pige dans son album de philatélie. Il ne compte pas, il en colle trop. Je reçois des enveloppes timbrées d'une série qui remonte au centenaire canadien ou à l'Expo 67 comme si elles m'arrivaient du passé. Les lettres sont longues et citent l'Éternel à profusion. Des pages et des pages truffées de versets. *Luc dit… C'est écrit dans Matthieu…* Sa belle main d'écriture me laisse penser qu'il aurait pu être quelqu'un s'il avait voulu.

L'une d'elles commence ainsi : *Luc a raison quand il dit :* « *Je suis venu jeter un feu sur la terre, et qu'ai-je à désirer, s'il est déjà allumé ?* » (Luc 12 : 49). Je ne comprends rien. Je ne vois rien. Je n'entends rien.

Je jette ses lettres, souvent sans les terminer. Une fois, sans l'ouvrir. Ce sont des prêches délirants qui n'ont cure de l'autre. Il est à la fois un poète aux yeux fous et un intégriste prêt à fusiller les impies.

Ces lettres me rappellent la force sublime de son absence. Elles me tenaillent et me tuent. Je suis mort et, comme dans un poème d'Anne Hébert, on a oublié de fermer mes yeux.

J'aime le vouvray, le brouilly, le beaujolais et le chianti en quantité industrielle. Je bois pour devenir cette poussière qui rendra Dieu le Père content. Je titube, ouvert à tout ce qui peut m'engloutir, puis je m'abandonne furieusement au premier qui me touche.

Faire des listes est une opération magique qui met de l'ordre dans mon univers temporel. Énumérer retarde le signal du départ de mes vertiges au-dessus du néant.

Ma vingtaine a été interminable.

Trois fois dans ma vie, je me sens traversé par la passation d'un enseignement. Trois fois, par une phrase, on me transmet un pouvoir qui me rapproche de ma mission d'existence. L'acte m'autorise à devenir moi-même. La connaissance se révèle don d'arme.

La cérémonie pédagogique a toujours lieu dans un face à face.

Deux chaises.

Toujours avec des femmes.

La première fois, ça vient de ma tante Denise, ma marraine de Charlevoix. Je suis chez elle. Après le souper, les hommes parlent sport et les femmes se *clairent* de leur ouvrage. Lorsque la vaisselle est faite et le plancher balayé, ma tante ôte son tablier. Elle prend une chaise et s'assoit droit devant moi; notre réunion crée une bulle à part. Sa première phrase est claire et professorale :

— Mike, le verbe *chier* est dans le dictionnaire. On peut donc l'utiliser. On peut dire à quelqu'un : *Va – donc – chier.*

Juste avant, nous parlions de ma mère, de son comportement abusif et de mon impuissance à l'affronter. Cet exposé cru change ma vie. Il y a *éveil.*

La deuxième fois, ça vient de Louise Desjardins, la romancière abitibienne. Je dois lui remettre des épreuves pour une revue de poésie et elle me garde à dîner, sur sa galerie. Il fait soleil et elle a composé une salade grecque en un tour de main. Nous profitons du temps avec un rosé frais. Elle est assise devant moi.

Je traverse une période cruciale : j'hésite à quitter un mentor littéraire – dont je tais le nom –, car je pressens qu'un geste aussi radical m'attirerait le jugement du milieu littéraire : j'aurais le mot *ingrat* marqué au front pour le restant de ma vie.

Catégorique, Louise me dit :

— La seule responsabilité que tu as, c'est de réussir ta vie. Tu n'en as pas d'autre.

Sa certitude m'impressionne. Je pars de chez elle avec la permission de réussir ma vie.

La troisième fois, ça vient de Lise Tremblay, la romancière chicoutimienne. Je suis chez elle, rue Drolet. Nous venons de souper bien tranquillement d'une truite de mer, une de ses spécialités, et nous sommes passés au salon, elle dans son sofa fleuri, moi dans un fauteuil droit. Tout à coup, elle se redresse et, tout en posant ses mains sur ses genoux, elle me dit :

— La violence que tu retiens est insupportable. Tu dois absolument l'exprimer.

J'ai toujours passé pour un ange et sa phrase me consterne. Elle développe la révélation :

— La violence, c'est pas toujours le meurtre ou le viol. Ça peut être une voix forte, une poignée de main assurée, une fermeté en disant non, en disant oui…

Elle a l'aplomb d'une prophétesse qui n'entend pas au dialogue.

Quelques mois plus tard, je l'épouse et je commence à écrire des romans.

Par trois fois dans ma vie, ce sont des femmes qui m'enseignent après m'avoir nourri.

Je remarque qu'aucun homme n'a cette générosité.

Des professeurs me marquent, mais autrement.

Mon premier professeur de poésie – je tais son nom – a été une rencontre déterminante, mais l'enseignement dans son sens le plus noble a pris fin quand j'ai dû coucher avec lui. À partir de ce moment, je n'ai plus écouté. J'étais séparé des autres étudiants. Je n'étais plus dans la classe, j'étais dans les coulisses du cours et j'attendais le rideau de l'exposé en faisant les cent pas. Bien qu'en apparence tout se soit passé naturellement, et bien que sous certains aspects le professeur se soit montré responsable malgré tout, ce mélange de tutorat et d'intimité sexuelle a été une issue chèrement payée. J'ai toujours pu cerner les tenants et les aboutissants de cette relation qui représentait un peu ma naissance d'écrivain, car les aspects salutaires étaient clairs, mais le prix à payer ne m'est apparu que beaucoup plus tard. Cet homme m'a gardé en vie, m'a sorti, m'a montré aux autres, à condition de prendre la place de l'idéal littéraire. Il était devenu mon chef et je serais, jusqu'à ma mort, *le second*. Au fil des fêtes culturelles, ma tristesse vague est devenue une mélancolie bétonnée. Il m'a initié au travail de la vie littéraire en abolissant toute *foi* en la littérature.

Je le dis sans provocation : somme toute, ce père de remplacement a été mieux que rien.

Mon manque de père était une absence de phare. Mon professeur de poésie a été un récif : j'ai échoué sur lui pour ne pas sombrer.

J'ai peu de souvenirs du père de mon père, l'Honorable Hormisdas Delisle. Mon père parle de lui avec vénération. Le Midas du folklore familial avait une aura colossale. Un titan de la race canadienne-française dominant le quartier de Saint-Henri. Un syndicaliste connu. Un proche de Camillien Houde, proche au point de faire des séances de télépathie avec lui quand il sera incarcéré pour s'être opposé à la conscription. Chaque jour, à une heure donnée, Midas arrêtait tout pour se concentrer sur le maire contestataire qui, depuis sa cellule, devait faire de même.

Pour moi, c'était un vieillard dans un fauteuil roulant avec des genoux osseux qui dépassaient de son plaid carreauté. Dans ma tête, j'ai des images de bas supports. Sa voix traînante, souvent inintelligible, était ralentie par un affaissement d'un côté de son visage. Sa joue râpait la mienne quand on m'obligeait à l'embrasser. Des relents de camphre et d'onguent de zinc ne le quittaient pas.

Midas était une figure distante, une statue de pierre vénérée qu'on roulait d'une pièce à l'autre.

Il ne m'a adressé la parole qu'une seule fois, pour me faire promettre d'être bon avec mes parents. Je n'avais aucune idée de ce qu'il voulait dire. J'ai répondu oui pour ne pas étirer l'entretien.

En plongeant dans le volet «photos anciennes» du site du musée McCord, je suis tombé sur une caricature de Normand Hudon datée de 1958 et intitulée *The Very Distinguished «Midas» Delisle*. Il s'était présenté aux élections fédérales, semble-t-il. Je l'ignorais. Le dessin le montre devant un micro sur pied avec un crachoir à sa gauche. Les lattes rappellent les planches du vaudeville. Midas «tient le crachoir», trapu, presque aussi large que haut. Il porte une cravate ornée d'un palmier censé signifier, je suppose, un goût kitsch. Il est entouré d'un essaim de phrases tirées de son discours.

«*Si quand que vous m'élirez vous ferez pas une folrie!*»

«*J'éta méniss un temps*»

«*J'parle aussi ben mon angla que comme mon frança / à Ottawa j'va vous être utile*»

« *Votez pour moé s.v.p.* »

Le dessin présente une bonne pâte rustre qui table sur ses vertus de patriarche canadien-français. Il a l'air épais. Peut-être analphabète. La fratrie de mon père (mes tantes et mes *vrais* oncles) dépasse la douzaine et Midas n'a jamais hésité à faire valoir sa progéniture à des fins politiques. *(« J'ai eu treize z'enfants, j'sus prêt à vous donner c'qui me reste... de ma santé. »)* Un modèle de père pour notre race.

Ailleurs, une caricature de Robert LaPalme montre le député de Saint-Henri en vacancier en train de se faire bronzer dans une chaise longue. Il brandit une page de statistiques qui accordent seulement 34 % à « l'Oignon nat[iona]l » (contre 58 % aux libéraux). Le texte du dessin contient une allusion littéraire :

« *Être miniss' pour Duplessis c'est un bonheur d'occasion !* »

Ce dessinateur s'est plu quelquefois par un double sens à émettre un doute sur le fait que Midas Delisle soit un ministre « sans portefeuille ». Il était normal pour la caricature politique des années cinquante de dépeindre les députés de l'Union nationale comme des pions d'une inculture flagrante, des fantoches au service de leur *cheuf* et ayant souvent – mais pourquoi – une carrure de gorille. Midas n'a manifestement pas les marques de finesse qu'on aurait prêtées aux intellectuels qui préparaient la Révolution tranquille.

La caricature a beau être par définition une distorsion, ces images forment tout de même, comment dire, un autre son de cloche. Je connaissais vaguement leur existence par ma mère qui y voyait une preuve de célébrité. Du côté de mon père, on les a tues.

J'ai une photo de lui. J'ai six ans et je rayonne en aube de communiant; il est tassé dans son fauteuil, sous son plaid. Son impotence fait contraste. Curieusement, les extraits de discours qui flottent autour du bonhomme de Hudon commencent dans le coin gauche par celui-ci : « *Si tant que je s'rai encore capable de mettre un pied devant l'autre.* » Une attaque l'a foudroyé au début de la Révolution tranquille. Ma mère dit qu'il s'est effondré quand il a appris qu'un de ses petits-fils était né mongolien. Aurait-il été atteint dans son suprématisme? On ne mentionne jamais ce cousin trisomique. Je ne sais même pas son nom.

On imagine bien que les frasques criminelles de mon père ne faisaient pas la fierté de mon grand-père, en plus de risquer d'entacher le nom de famille. Chaque fois qu'il le voyait descendre de la voiture pour monter les marches vers lui, Midas soupirait : « Quoi encore... Qu'est-ce qu'il va encore nous sortir cette fois... »

Mon père a été un fils décevant. Comment une figure aussi parfaitement canadienne-française, saturée de probité, droite et pieuse a pu engendrer un tel délinquant est un mystère qui m'a agacé bien des années.

Accident de parcours

L'avant-dernière fois que j'ai invité mon père à souper, je me suis juré qu'on ne m'y reprendrait plus. Je l'aurais signé de mon sang.

J'avais l'impression que mon frère et lui avaient accepté mon invitation par politesse. La conversation a été longue à démarrer et c'est à moi que revenait la tâche de poser des questions, lancer des sujets. Ils restaient murés dans une réserve que je ne comprenais pas. Pour casser la glace, je leur ai appris qu'un de mes livres venait de sortir en édition de poche. Mon père m'a fixé sans regarder l'objet que je lui montrais et il a presque craché cette phrase :

— Qui tu massacres dans celui-là ?

J'ai riposté que c'était une réédition : le mal était donc déjà fait. En allant reporter le livre dans ma bibliothèque, je l'ai entendu dire à mon frère :

— Fais attention, ton tour s'en vient.

À bien y penser, c'était de la provocation de

ma part. Mon frère ne s'intéresse nullement à mes livres et mon père les trouve trop profanes pour son goût. Il en a lu un et ça lui a suffi. La fiction n'est pas sa tasse de thé.

Pour la première fois depuis qu'il était *sauvé* – j'avais onze ans quand sa renaissance a eu lieu –, j'ai vu de la colère dans les yeux de mon père. Et ça m'était adressé.

J'étais à la fois heurté par son regard et content d'y reconnaître un certain tonus. J'ai ressenti, brièvement, une nostalgie. La violence dans ses yeux m'a rappelé mon père d'autrefois et m'a rendu enfant pendant une seconde. Enfant battu, enfant terrorisé qui file doux, mais enfant quand même.

La présentation du livre de poche a crevé l'abcès, et à partir de là, le malaise était moins lourd.

Au courant de la veillée, il nous a parlé de son oncle mythomane. J'ai été étonné d'apprendre qu'il y avait un conteur du côté de mon père. L'oncle fêlé parlait des sirènes qui tentaient de le séduire dans le port de Montréal la nuit en l'appelant par son nom et il s'emportait en racontant comment seule sa force de caractère lui permettait de résister. Ensuite il s'appropriait les faits de guerre de son frère aîné et racontait ses prétendus exploits en multipliant les contradictions. Quand les enfants lui faisaient remarquer que, par exemple, on ne peut pas *d'abord* se faire tuer par les Allemands pour les tuer *ensuite*, il rugissait : « Soyez polis, gang de petits bâtards, c'est mon histoire ! »

J'ai pensé qu'il y avait là un exergue qui pourrait me servir un jour.

Je l'ai réinvité cinq ans plus tard, une dernière fois. C'était convivial. Il y avait mon frère ferblantier et son fils soudeur. Un souper d'hommes autour d'une viande rouge avec des arguties sur les avantages de la soudure autogène, des théories un peu carrées sur les affaires internationales et quelques rires francs.

Profitant d'un aparté, mon père m'a révélé comment il avait découvert Jésus. Ce n'était pas exactement l'histoire que je connaissais. Il a commencé à fréquenter la mission de Sister C. afin d'avoir, éventuellement, un alibi pour son projet funeste. En 1971, ma mère l'avait quitté et elle devait payer. Une des « connaissances » de mon père s'occuperait de la descendre. Ce que j'ignorais, c'est que mon frère et moi avons été aussi, un temps, sur le carnet de commandes.

Sa franchise m'a impressionné et, pour un moment, j'ai été fier de nous : la capacité à appeler un chat un chat est si rare dans les familles. Ce n'est qu'après coup, seul dans mon lit en revivant la confidence et tentant de deviner lequel de mes « oncles » avait accepté le contrat, que l'horreur s'est dessinée.

Mon goût pour le présent de l'indicatif cache peut-être une insouciance, une tendance à l'intemporalité, un mauvais pli de mes années de poésie, toujours est-il que j'exècre le pinaillage chronologique qui oblige à l'imparfait du subjonctif, qui déploie les événements sur une ligne en plaçant un pion au milieu par rapport à ce qui a été et à ce qui aurait été, n'eût été ce qui serait arrivé si telle chose avait eu lieu.

Sachant qu'on ne peut rien gagner sans sacrifier son contraire, je me demande ce que je gagnerais à compliquer la chronologie de mes relations, à métastaser l'architecture de la narration. Surtout si le récit n'a, au fond, que peu de choses à dire : un matin d'hiver, sur la glace noire des routes de Charlevoix, à une heure qui est presque l'aube, mon père a un accident de voiture qui lui casse le cou.

À part lire la Bible, mon père fréquente la

mission de Sister C., une évangéliste des Prairies jugée trop charismatique par le giron pentecôtiste qui l'a formée puis exclue. C'est le gros de son agenda. Sinon, et toujours semble-t-il sur un coup de tête, il monte dans Charlevoix voir ma marraine pour se faire servir un repas. Sans s'annoncer. Il peut partir en début de soirée et arriver à Saint-Siméon vers minuit comme un cheveu sur la soupe. Il peut décider à l'aube de rentrer à Montréal sans prévenir. L'entourage est habitué. Il a quatre-vingt-six ans et il ne plie pas. La spondylarthrite ankylosante – une maladie génétiquement liée au psoriasis qui cimente les vertèbres pour en faire un poteau fixe – l'empêche de tourner la tête ou d'attacher sa ceinture de sécurité. Il tourne les coins sans regarder, sans mettre son clignotant. Le Seigneur, se plaît-il à dire, est son copilote.

Par une aube de janvier, sur la route montagneuse qui le ramène à Montréal, il s'endort au volant de sa voiture et dérape. La voiture fait des tonneaux et aboutit dans un fossé, les quatre pneus en l'air. L'homme est brassé comme une bille flottante dans la coquille de métal et se retrouve à l'envers avec tout le poids de son corps contre sa tête.

Le cou craque.

Il passe plus de deux heures à attendre les secours, à la limite de la suffocation. Le temps passé dans cette posture fait gonfler d'œdème tout le haut de son corps. J'imagine qu'il prie. Les pompiers de Baie-Saint-Paul sont dépêchés pour scier la carcasse et extirper le vieillard, qu'ils expédient sur-le-champ à l'hôpital local puis, à la suite des radiographies qui révèlent la cassure, à l'Enfant-Jésus de Québec, un hôpital réputé pour ses prouesses en traumatologie.

Le chirurgien intube mon père, le retourne sur le ventre et place huit tiges de métal dans son dos pour immobiliser la colonne. Il suffirait d'un mouvement au niveau de la cassure pour le paralyser totalement. On fait tout pour le sauver, mais la posture (une opération de six heures couché sur le ventre) a aggravé l'œdème et il est probable qu'un homme de son âge ne survivra pas à un trauma pareil.

Alerté par ma tante Denise (que je n'ai pas vue depuis vingt-cinq ans), je me rends à son chevet.

Je retrouve ma marraine avec plaisir. C'est une autorité familiale dotée d'une force de caractère hors du commun. C'est par elle que j'apprends que si mon père s'en sort, il en a pour trois mois de soins hospitaliers et un an de physiothérapie. D'une façon ou d'une autre, car il va sans doute mourir, il ne pourra pas rester dans son petit bachelor en face du Stade olympique. Vu que c'est dans mon quartier, je m'engage immédiatement à vider son logement. Le sentiment de la dette face à mon père ne m'effleure pas l'esprit. Si je me propose pour cette tâche, c'est davantage un devoir social, comme payer ses impôts ou participer à la corvée de printemps pour nettoyer la rue Ontario.

Je remarque un homme qui arpente les couloirs de l'étage des soins intensifs où dort mon père. Il est petit, âgé d'une soixantaine d'années, vêtu d'un paletot gris qu'il garde sur lui. Dans ses mains, un chapska de faux mouton et une bible élimée. Il sourit continuellement, un sourire empreint d'une certaine politesse et d'un rien de terreur. Sister C. l'a délégué. Il se dit « ami » de mon père et il se présente à moi comme tel. Il s'appelle Sainte-Croix. Je le répète mentalement et je pense que si je devais écrire là-dessus, il faudrait que je change son nom. M. Sainte-Croix à l'Enfant-Jésus. C'est trop.

La réalité aime les coïncidences, le réalisme, non.

Les performatifs me fascinent. À cause de leur référentialité en miroir. Leur magie est unique. Le mot est dit ; la chose existe. C'est avec ces verbes particuliers que la prose s'élève jusqu'à l'autorité de poème.

Je vous prie est une prière.

Je souhaite est un souhait.

Je promets est une promesse.

Que d'heures j'ai passées au bac à méditer le titre d'Austin *Quand dire, c'est faire* ou à annoter *Les Actes de langage* de Searle.

Quel pouvoir cabalistique se détache *réellement* des actes de langage ? Sans aller se perdre dans la question du destinataire, quel courant passe dans le murmure d'une prière fervente ? Quelles miettes s'échappent d'un souhait ? Où aboutit cette électricité résiduelle ?

La question qui revient éternellement est celle-ci : *où va le feu ?*

Et la question me revient au chevet de mon père. L'homme pieux est une bête rabougrie, emmaillotée, intubée. Le collet orthopédique écrase la mâchoire et lui force une moue un peu comique. Je touche son avant-bras. L'œdème m'impressionne. La peau est enflée, tannée et, on dirait, presque jeune. Les doigts sont gonflés au maximum. Je passe mon doigt sur son vieux tatouage de marin (une ancre avec les lettres MN pour *Merchant Navy*) qui n'est plus qu'une pastille noire et floue. Ces cellules sont aussi les miennes. Je reconnais la parenté organique et l'odeur qui monte de son corps : un parfum de vieux drap gorgé de phéromones. Cet encens sébacé est mon seul lien avec cet homme, le seul que je reconnaisse.

Cet animal m'a donné la vie.

Sur ma conception, ma mère m'a tout dit quand j'étais enfant : c'était lors d'un voyage à New York et il s'est *endormi sur la job*. Elle aurait hurlé : « Maudit cochon, j'vas tomber enceinte ! » La relation du geste est restée gravée comme une tablette sibylline jusqu'à ce que j'aie l'âge de comprendre ma mère.

Il y a, paraît-il, une astrologie conceptionnelle qui repose sur le moment du coït pour calculer l'horoscope d'un être. La conception serait le point de départ de notre pèlerinage sur terre et le geste laisserait son empreinte sur le caractère. Y a-t-il eu plaisir ou non? viol ou consentement? routine ou fête? Je trouve ces entreprises trop pointues pour être manœuvrables, mais j'aime les images et je crois au bon usage des icônes. Mon père s'est endormi : indice de la force qu'il m'a passée? image de l'abandon qui s'est inscrite dans mon destin?

Je trouve du sens comme je peux.

Je voudrais prier. L'homme est alité. Dans une jaquette pâle qui le rend irréel. Ce serait le moment de prier. Mais l'instant est miné par une sorte de déficit d'attention. Je regarde le rideau et je perds le fil de mes pensées. Je ne veux plus rien.

L'infirmière qui ne m'a pas vu entrer m'aperçoit et fonce sur moi en me saisissant le bras :

— Vous n'avez pas d'affaire ici, monsieur, sortez!

Elle m'attire hors de la zone. Je proteste :

— Je suis son fils!

— Non, monsieur. Suivez-moi.

— Je peux vous le prouver.

Elle m'accorde cinq secondes pour le faire. Je sors ma carte d'assurance maladie, lui montre mon nom, ma photo. Sa confusion est totale. Elle change de ton et multiplie les excuses. Ma marraine lui a donné l'ordre d'évincer «les gens de la secte religieuse» qui viennent faire leurs «salamalecs». Elle retourne à son poste et reviendra par deux fois s'excuser. La violence de son intervention m'a un peu remué, mais au fond je trouve la méprise assez drôle, sans parler de sa prégnance symbolique.

La dispute a réveillé mon père. Il me reconnaît, lève un sourcil. Je lui explique :

— Elle pensait que j'étais de la mission.

Il est amusé. Il toussote.

Il est petit, tassé. Difficile de croire que ce corps m'a longtemps terrorisé, battu, frappé pour un oui, pour un non. Souvent pour un non.

Ce *reste* d'homme ressemble à ce qui m'attend. Je serai un jour à ce point exposé, vulnérable comme un oiselet tombé du nid.

L'urne m'attend.

Et avant l'urne : une agonie morose avec des seringues et des tubes.

Ma marraine tasse le rideau d'une main et me fait signe de la suivre. Nous allons, avec mon parrain, dans une petite pièce attendre le médecin qui a opéré mon père. Elle sort des papiers légaux. Tout est fait à son nom : mandat d'inaptitude, exécution testamentaire…

Le docteur entre et se présente en serrant la

main. C'est un trentenaire sportif, affable et habile à traduire sa science en exemples accessibles. Après un résumé des travaux qui ont été faits sur le vieillard, il nous apprend que l'œdème est grave et que les reins ne fonctionnent pratiquement plus. Le tube qui lui permet de respirer aurait dû être retiré après l'opération, mais on n'a pas osé le faire. L'enflure est telle qu'il pourrait mourir étouffé.

Il nous regarde. La balle est dans notre camp. Comment réagissons-nous à l'idée qu'il puisse mourir? L'unanimité est sans équivoque : nous refusons l'acharnement thérapeutique. Le médecin acquiesce. Nous allons plus loin : personne ne veut de lui.

Puis je lâche le mot :

— C'est un psychopathe.

Le médecin me regarde, étonné.

Je voudrais en dire davantage, nuancer, expliquer que c'est un homme solitaire qui mène une vie sans plaisir, définir ce que j'entends par *profil de délinquant,* mais je ne peux pas. Dire le mot m'a trop ému.

Le docteur va voir mon père et nous le suivons en cortège. Il s'adresse à lui avec déférence et précision :

— On va retirer votre tube, monsieur Delisle,

et il se peut que l'œdème fasse en sorte que vous vous étouffiez. S'il advient des complications, voulez-vous qu'on fasse tout pour vous sauver ou acceptez-vous de mourir?

La question est on ne peut plus claire. Au mot *mourir*, ses yeux s'inondent immédiatement. Il plisse le front, mouvement qu'on interprète tous comme un assentiment.

À sa réaction, je suis troublé et, pour tout dire, impressionné. Il y a un rien de courage dans sa résignation.

Je sors de la chambre avec une force de vie qui m'étonne. Je suis à la fois fier de mon père comme un enfant de cinq ans et assez empli de confiance pour prendre ma place.

On retire le tube et on attend une heure. Le temps de savoir si la respiration naturelle reviendra.

Dans le corridor, M. Sainte-Croix profite d'un moment où ma marraine est descendue au premier pour s'approcher de moi. Je ne suis pas religieux, mais j'ai assez médité pour reconnaître le genre de bulle qui nimbe les sociopathes. Mon sacerdoce d'écrivain a sûrement contribué à creuser cette intériorité vaguement schizoïde à laquelle ils sont sensibles. Je n'ai pas peur des hommes qui citent le Seigneur, Mao ou Lacan. Quant à eux, c'est immanquable, ils me prennent pour un des leurs.

M. Sainte-Croix ouvre sa bible au signet qu'il a placé à Ésaïe 58 :

— Regardez, ce matin en me levant, j'ai ouvert au hasard et je suis tombé sur ça. C'est dans Ésaïe : « *Il rassasiera ton âme dans les lieux arides, Et il redonnera de la vigueur à tes membres.* »

J'attends la suite. Il finit par dire :

— « *Et il redonnera de la vigueur à tes membres.* » Ça donne de l'espoir, pas vrai ? C'est écrit.

Je lui réponds avec un sourire qui ressemble au sien :

— La Bible parle aussi de la mort, vous savez. La mort existe.

Il s'incline. Ce tennis avec le mot *bible* pourrait s'étirer, mais nous nous taisons.

Je m'assois près de la fenêtre. M. Sainte-Croix reste debout contre le mur et baisse les yeux pour se recueillir.

Je ne prie pas. L'amour que je porte à mon père a toujours été souffrant, malheureux et ingrat. C'est l'expérience de tous ceux qui l'ont aimé. Il me semble que sa mort serait reçue comme la fin d'une suite de misères. Pour parler franchement, je la souhaite.

Nous sommes deux dans le corridor. Lui contre le mur à dodeliner les yeux fermés. Moi, absorbé de mon côté.

Je n'ai pas peur du silence. Lui non plus.

L'exercice autobiographique soulève des questions éthiques que l'écrivain de fiction passe sa vie à éviter et qui tournent autour de ce contrat : il faut se montrer. Sur quelle motivation repose une esquisse de soi qui ne serait point embellie ? L'autofiction qui starifie le narrateur a un projet clair : on se met beau. Mais qu'en est-il d'un je, mettons, naturaliste, de l'écrivain-personnage aux traits noircis, d'une voix qui insiste pour tenir le mauvais rôle et étaler ses fautes ? Pourquoi joue-t-il avec ce masque humiliant ? Qu'expie-t-il ? À qui est destinée la confession ? Tant de questions qui n'évitent pas le lexique catholique.

Il y a deux ans, mon père a quitté le nord de la ville où il logeait dans un réduit misérable infesté de punaises qu'il avait choisi pour être proche de la mission de Sister C. Ensuite il est allé s'installer en face du Stade olympique, à deux coins de rue de chez moi. C'est à ce moment que je lui ai proposé de garder un double de sa clé, au cas où… Une fois, il était resté pris dans le bain, le dos barré, sans pouvoir se relever pendant quelque six heures. L'anecdote m'avait inquiété puis obsédé. Même dans mes rages intérieures les plus incandescentes, je n'ai jamais voulu que mon père souffre.

J'avais accroché sa clé au crochet près de ma porte. Elle était assortie d'une médaille gravée de ces mots, *Dieu est fidèle*. Je la regardais briller en me demandant : « Mais qu'avais-je donc besoin de faire ça ? »

Mon père va mourir (ou pas) à l'Enfant-Jésus et je me présente avenue Pierre-De Coubertin avec une pile de sacs verts dans mon sac à dos. J'ai appelé l'intendant du bloc et convenu avec lui de vider les lieux pour le 1er mars. J'ai trois semaines pour le faire ; une partie ira aux ordures et le reste à l'entreposage.

La pièce est carrée. Parfaite pour un étudiant ou un vieux garçon. Un lit, une chaise, une demi-table. Le bas de la porte frotte contre le prélart en s'ouvrant. Sous le judas, une feuille m'informe que Réal et Réjean ont droit à leur vie privée, qu'il ne faut pas les déranger en dehors des heures ouvrables. Leur numéro de cellulaire est donné.

C'est à eux qu'on achète les jetons pour la buanderie au sous-sol.

Par où commencer? Je sens que, bien plus qu'un ménage, c'est un rituel qui m'attend. Une cérémonie où je jetterai mon père. Une partie aux ordures, une partie à l'entreposage.

Le un et demie est celui d'un homme de quatre-vingt-six ans dont la colonne vertébrale ne plie pas et qui n'a, de toute façon, rien ramassé de sa vie. La crasse prend la forme d'objets tombés par terre tassés du pied sous la commode et enfouis sous la poussière, de coulées de jus d'orange pétrifiées sur les portes d'armoires, d'éclaboussures qui ont cuit et recuit dans le micro-ondes et de flaques de soupe aux tomates gommant le prélart. Enfin, j'espère que c'est de la soupe aux tomates.

Le lit est muni d'une potence pour les levers et le fauteuil d'un moteur qui l'incline en avant. Ces équipements, comme les pinces de préhension, l'enfile-bas et les boîtes de couches jetables, doivent être entreposés. S'il survit, il en aura besoin un jour.

Les vêtements sur le vestiaire mobile sont propres et pressés, quelques-uns encore dans la housse du nettoyeur. Tout sera entassé dans des boîtes, les cintres avec.

Je m'écrase sur l'unique chaise et je commence à déprimer sérieusement, accablé par la perspective des travaux. J'ai peur de me reconnaître dans ses traces. Je constate ses manies de vieux garçon. Comme ce vide-poche rempli d'étiquettes de nettoyeur, ce sac de tubes pour rouler la monnaie, ce gros sac transparent rempli de minces rubans de papier. Tiens, il a une déchiqueteuse. Que cache-t-il? Que n'a-t-il pas eu le temps de détruire?

Je jette la nourriture, des gaufrettes en quantité, de la cassonade dure, de la farine de lin, des Honeycomb... Puis je juge que c'est assez pour mon premier jour.

Le lendemain, j'arrive avec des boîtes de rangement et je commence à les remplir : disques de musique gospel, bibles, recueils de pensées, papiers d'assurances, dossiers médicaux, cahiers de prières recopiées à la main et, à mon grand étonnement, des pages de vers en hébreu et leur traduction. Je ne l'imaginais pas exégète. Puis je tombe sur un album de photos qui m'intéresse.

Je vais m'asseoir sur l'unique chaise pour le feuilleter : les enfants de mon frère, la progéniture de « mon oncle » Léo (au moins six pages sur eux), ses chevaux de course, deux pages pour l'animal qui a remporté un prix, avec son jockey, son sulky, son trophée, puis de nouveau les enfants de mon frère. C'est à peu près tout. Mon absence semble normale. Je n'ai pas d'enfants, je n'ai donc rien à montrer. L'album pourrait s'intituler *L'Œuvre des pères*. J'imagine qu'en tournant les pages pour sa visite il tait le fait qu'il a abandonné les siens.

Pourquoi les vieillards maquillent-ils leur passé? D'où vient cette nécessité d'enjoliver son histoire?

Je suppose qu'on a tous une sorte de droit à la fiction.

Je mets dans le corridor une lampe tubulaire dont l'abat-jour est brisé. Pour les ordures.

De retour dans la cuisine, mon énergie retombe à plat. On dirait qu'elle a servi d'espace à une performance de dripping. Il y a trois bombes de Raid près du lavabo qui m'inquiètent tout à coup. À quoi servent-elles? J'accroche mon sac à dos à la patère.

Une autre boîte et je rentre chez moi me saouler. Un rouge capiteux presque opaque. Ce sera bon.

J'ouvre le dernier tiroir. De la paperasse. Des cahiers à spirale. Des listes. Mon père fait des listes! Des prières. Encore des prières.

Puis ce cahier qui commence par « Je suis né en 1927... »

C'est une autobiographie.

Par nature, je ne suis pas curieux. Je ne fouille jamais dans les boîtes des autres. Mais j'ai dans mes mains l'autobiographie de mon père. Résister à cette tentation est inutile. D'autant plus qu'il va mourir et qu'il ne le saura jamais. Je commence à lire et me reviennent en mémoire toutes les volées qu'il m'a infligées ; je suis tout à coup nerveux comme à six ans, quand j'avais peur de me faire prendre à désobéir. C'est la probabilité qu'il meure prochainement, et rien d'autre, qui me donne la permission de commencer la lecture.

L'exercice d'écriture a l'air d'un devoir commandé par Sister C. Je sais qu'il lui arrive de faire ça. Cette semaine, donnez au prochain. Cette semaine, invitez un étranger à la mission. Cette semaine, écrivez un témoignage.

La narration repose sur une pragmatique de repoussoir destinée à donner la mesure de son salut en montrant de quels enfers le Seigneur l'a sauvé. Comme un témoignage d'alcoolique : les excès passés rehaussent le triomphe de l'abstinence et le discours se dirige vers une seule morale : « Si moi j'ai pu le faire, vous aussi. » Le repentir est sans finesse.

Le genre a son corpus mais, même à l'époque où elles étaient à la mode, je trouvais suspectes les écritures à vocation curative. J'ai peut-être trop de fois vu *l'homme derrière l'œuvre* pour y croire tout à fait.

Je remarque tout de suite que mon père ment. Il se dit l'aîné alors qu'il est le deuxième d'une famille de treize, après sa sœur Marie-Paule. Dans son schème de pensée, sa sœur, comme toutes les femmes de la planète, est négligeable. Amusant tout de même ce raccourci qui le rend vedette dans un exercice d'humilité.

J'apprends des choses : je ne savais pas qu'il avait passé tout son primaire à l'Orphelinat catholique à une époque (les années de la crise) où les externes ne sortaient que deux fois par année. Je croyais, et je vois maintenant que c'était une projection de ma part, qu'il n'y avait passé que trois ans au plus. Ce régime a fini par l'éloigner de sa famille. Il retournait chez lui à Noël et à Pâques avec une fratrie qui lui devenait de plus en plus étrangère.

Mon père, en portrait de garçon abandonné, m'attendrit.

Sur les origines de sa délinquance, une contradiction m'intrigue : elle a toujours été là (« le vol était déjà en moi ») et elle a pris forme à l'orphelinat. Je sais, pour y avoir été moi-même, que cette institution, en dépit de l'œuvre des

Sœurs grises, était une usine de marginaux en raison de sa structure carcérale, mais l'histoire de mon père est particulière. Son premier crime impliquait un complice qui a été le seul à écoper des conséquences. Une cantine était tenue dans la cour de récréation. Mon père avait proposé son premier racket au petit caissier : il achetait une palette de chocolat avec une pièce de cinq sous et son complice lui remettait de la monnaie pour vingt-cinq. Une fois à l'écart, ils se partageaient les profits. Le caissier a été expédié à l'école de réforme, institution qui était ni plus ni moins une prison pour enfants, et mon père est resté impuni.

Il s'est remis à d'autres activités de même nature (le vol était déjà en lui) et chaque fois, ses complices étaient dûment châtiés alors que lui restait sans dossier.

Mon grand-père, l'Honorable Midas, payait la taxe d'eau des Sœurs grises. Beaucoup d'années plus tard, mon père a fait le lien entre cette charité et son impunité. Mais le pli était formé, l'homme avait déjà intégré que la loi existait pour les autres.

Suivent quelques paragraphes sur la marine marchande, sur le désœuvrement du retour sur la terre ferme et sa rencontre avec son mentor dans le crime, « mon oncle » Léo. Les premiers vols et les expériences qui ont fini par définir son créneau : les élections. Je suis étonné de voir comment ces événements méprisables et souvent mesquins deviennent, habillés par le récit, trépidants.

Je suis happé et, au fil des pages, gagné par une curiosité bien précise : j'ai hâte de naître. Je sais qu'à un moment donné, dans ce récit prenant, on sera rendu à moi. Quels mots prendra-t-il pour me décrire ? Que révélera-t-il ? Un regret ? un jugement dur que je recevrai comme une insulte ? Mon impatience est puérile.

Puis, on y arrive.

Il ne fait mention de ses fils qu'une seule fois. Dans un résumé de son divorce qui dure moins de trois lignes, on lit, au milieu d'une phrase : « ... deux gars, 11 et 13 ans... » C'est tout. Pas de nom. Pas même de verbe. Deux chiffres placés là avec une sécheresse d'inventaire sur l'air de « une pelle, un râteau, laissés avec le garage... ».

Je referme le cahier, honteux. J'ai honte d'avoir cherché mon nom dans l'histoire de mon père. Que dire d'autre ?

Un mentor littéraire – je tais son nom – m'a déjà dit que les grands écrivains avaient tous une chose en commun : ils avaient eu, à un moment donné dans leur vie, la prétention d'être de grands écrivains. La phrase m'est restée, revenant comme méditation, comme énigme, comme boutade. Mon ambition à moi est un phénix. Elle est morte tant de fois que sa disparition ne m'étonne plus. Elle finit par reprendre, un jour.

Et la colère est un feu qui n'est pas étranger à ces renaissances.

La dernière fois que j'ai vu mon père à l'Enfant-Jésus, il y avait des traces de sang par terre à côté de son lit. Je n'ai pas fait attention. L'étrangeté de la situation ne m'est apparue qu'après coup. L'infirmière est venue m'expliquer qu'il avait eu « un épisode violent » et j'ai réprimé toute remarque ironique. J'ai écouté son récit. Peu accoutumé à la morphine, mon père avait arraché ses perfusions. Il voulait s'en aller ou il voulait en finir. On ne sait pas. Le personnel s'était mis à quatre pour le maîtriser, étonné de la force du bonhomme. Là aussi, je me suis tu en me remémorant l'impact de ses gifles. On a dû le tranquilliser. Cela expliquait son sommeil de plomb et les sangles à ses poignets.

J'ai déjà entendu l'expression *les rats* pour décrire ces zoopsies typiques. Quand la morphine est là depuis trop longtemps, les *rats* se montrent. J'imagine que pour un homme habitué aux baumes de la Bonne Nouvelle, toute hallucination ne pouvait qu'être diabolique.

Cet « épisode violent » était également un signe de vitalité qui annonçait un revirement.

Je suis tout de même légèrement étonné d'apprendre par ma marraine, alors que j'achève les boîtes de l'appartement, que mon père, expédié à Montréal pour entreprendre un an de physiothérapie, a soudainement émis le souhait de signer les décharges qui le rendraient libre. Je m'assois sur l'unique chaise pour être certain de bien comprendre : il y a trois semaines, il sortait d'une opération à la colonne et il agonisait aux soins intensifs, le cou craqué et les organes presque éteints ; aujourd'hui, il veut rentrer chez lui pour reprendre sa routine là où il l'a laissée.

Excités par un médicament, les reins ont repris le travail et l'œdème fond à vue d'œil.

J'apprends également que « les gens de la mission » vont prendre mon relais, finir les boîtes et déménager le stock chez M. Sainte-Croix, le nouveau coloc de mon père.

Je suis abasourdi et, pour tout dire, déçu. Spirituellement, j'attendais beaucoup de la mort de mon père. J'ai tant lu sur l'importance de ce passage pour un fils. Je n'avais jamais connu le week-end de pêche en chaloupe, les échanges de balle dans la cour, la conversation sérieuse sur les filles et les choses de la vie, la leçon du premier rasage du menton, les cours de conduite... J'allais aussi passer à côté de son trépas. J'étais pourtant prêt et il me semble qu'une intimité aussi intense à son chevet aurait tout réparé.

J'apprends plus tard qu'il est reçu comme une star à la mission. Le miraculé est applaudi. Il est la preuve que les prières marchent. Je le connais assez pour savoir le rôle que tient l'orgueil dans sa forme physique quand il monte les trois étages qui mènent à la mission alors que la plaie est encore pourpre dans son dos. Je le connais assez pour savoir avec quelle morgue et quel mépris il va parler des médecins dans la relation de son miracle. En bref, ils ont voulu le tuer et le Seigneur a eu raison d'eux. C'est l'ivresse. C'est jour d'apothéose pour celui dont l'œuvre tient à ça : le témoignage. En rentrant du travail un soir, j'ai ce message dans ma boîte vocale : « Mike, tout va bien. » Ce n'est plus le ténor d'autrefois. Sa voix est sifflante et il est un peu mêlé. Après un long silence où passe un râle ténu, il cherche ses mots puis, comme un enfant qui mélange encore *merci* et *s'il vous plaît*, il dit « Bonne chance » et il raccroche. Je ne le rappelle pas.

Fin de parcours

Dans l'astrologie, ma mère le dirait, la douzième maison, le domicile des Poissons, regroupe diverses manifestations, parmi lesquelles on trouve la prison et le cloître. Les deux images sont cabalistiquement parentes.

Pour le poète, le lien est évident. Ce sont deux processus de conscience qui procèdent par dissolution. Ce n'est pas l'éclair qui fend la terre, ni la bombe qui morcelle. C'est l'eau de mer qui lèche le rocher pendant deux mille ans pour en faire du sable. C'est l'usure patiente.

On passe sa vie en prison pour purger sa peine.

On passe sa vie au monastère pour laver le siècle de ses fautes.

Ici, je n'ai qu'un pas à faire pour dire qu'en passant la deuxième moitié de sa vie à dissoudre son passé en prières mon père est le plus fort. Mais ce ne serait pas respecter ma tristesse profonde sur un point que je n'ai pas abordé : il n'a jamais eu d'envergure. Au plus fort de sa gloire, il était le *second* de « mon oncle » Léo.

Encore que je n'ose pas trop creuser en quoi cette pusillanimité est canadienne-française. Mon père, comme son père Midas et comme moi, est né d'une race qui a trop longtemps longé les murs.

Il y a un autre aspect à la douzième maison où flottent ces figures du prisonnier et du mystique : la solitude presque fœtale du sociopathe. Qu'est-ce qui peut naître de ça ?

Je me demande encore, et encore : *Où va le feu ?*

L'exercice de la poésie, à moins d'être un bricolage mécanique qui usine les plaquettes, établit des carrières vaines parsemées de médailles, monte une bibliographie qui frise la centaine et décime des forêts, l'exercice de la poésie, s'il est fait avec un peu de cœur, peut amener le poète à approcher ces mystères. Comment explorer autrement les questions qui ont un ancrage dans le ciel, que ce ciel soit découpé par le zodiaque ou décoré de paraboles ?

Le mot de Rimbaud « la charité est cette clef » contient un élément de réponse. Le feu des prières, des colères, des désirs, des révoltes et des œuvres, le feu va toujours au prochain. Dieu est horizontal. Ce n'est pas un chef au-dessus de moi, c'est un fluide où baigne mon élan vers l'autre.

La tragédie du pauvre type qui revient à chaque page dans ce livre est là : le refus du monde.

Oui, la folie qui le guette est la peur de l'autre.

La lumière est douloureuse.

There is an excitement in seeing our
ghosts wandering…

KEITH DOUGLAS

Prenons Œdipe. Médée. Prenons Pélops. Le mythe est fécond. Dans mon cas, il l'est peut-être davantage que mon souvenir.

Je ne me souviens pas du soir de l'hiver de 1959 quand mon père a visé ma mère avec son *feu*, mais les relations successives de cette scène ont figé l'événement en icône et je m'y réfère désormais pour repenser ma place entre les deux. Un corridor obscur. À l'ouest, mon père armé. À l'est, ma mère éméchée. Nu, je la protège du canon paternel. Elle m'offre en sacrifice. Il est sur le point de nous tuer tous les deux. Il a le tempérament pour le faire.

Soudain, un éclair déchire tout. C'est l'intervention divine, le revirement de dernière seconde. Ou était-ce seulement la violence de mon cri ? J'ai pris ma place et le crime n'a pas eu lieu. J'ai tant annoté la question du père que j'étouffe sous le poids des pages. Je vois tous les aspects, je les repasse et j'arrive au point où je ne peux plus bouger. On ne traverse pas quand tous les signaux s'allument en même temps. Si j'avance, c'est parce que, dans un élan de colère, je restreins ma vision à un seul plan. Je prélève un point et le place plus haut que les autres.

Je tranche dans la somme, je cadre le morceau et cette limite devient ma voie.

Le rétablissement miraculeux de mon père m'a d'abord déprimé. C'était la grosse injustice qui fait bouder l'enfant. Je pensais que, magiquement, sa mort *réaliserait* son absence ; je pensais que, paradoxalement, parce qu'il aurait basculé dans l'absolu, la distance humaine serait résolue.

L'absolu a de particulier qu'on peut y voir tout et son contraire avec un égal bonheur.

Mon revers commençait à prendre l'allure de ce qu'on appelait dans les vieux séminaires une *délectation morose*, une sorte de complaisance dans la dépréciation de soi qui mine le pouvoir de la confession. Dans mon cas, la résolution de cet état morbide s'est trouvée, curieusement, dans l'orgueil. Le redressement a été porté par la fierté. Mon salut s'est trouvé exactement dans cette posture que les religieuses de l'orphelinat ont tenté de réprimer tout au long de mon primaire à coups de débarbouillette mouillée, d'humiliations et de pénitences.

La tête haute.

Je vois parfaitement la santé de ce geste, mais je vois également sa vanité ultime. C'est un combat de coqs que nous allons perdre tous les deux, mais je serais *criminellement stupide* de ne pas le mener.

L'expression *criminellement stupide* est de Keith Douglas (1920-1944), un jeune soldat britannique de la Deuxième Guerre mondiale qui a écrit des poèmes aux accents existentialistes. Ce poète a été forcé, par l'Histoire, par son pays, de tuer des Allemands, c'est-à-dire des hommes nés d'une mère et d'un père, aimés d'une femme qui les attend. J'imagine la conscience terrible du tireur qui se regarde faire *(« how easy it is to make a ghost »)*. Certains poèmes sont insoutenables. Évidemment, Keith Douglas est mort au combat, tant de lucidité ne pouvait s'accomplir autrement. Dans le contexte, sa mort ressemble à une responsabilité.

Dans l'œuvre brève de ce soldat, on trouve cette phrase : « Il est aussi *criminellement stupide* d'espérer un monde meilleur que d'arrêter d'œuvrer à sa réalisation. »

D'où me viennent ces Idées de la mort de l'amour

FRANCIS CATALANO, *Patères* (s.é., s.l.), avril 2013

Sans prendre le temps de dîner, après un cours de littérature où j'ai présenté l'œuvre de Gaston Miron aux étudiants en insistant sur la musique des mots et en me rappelant sa main forte sur mon épaule lors d'un lancement, je me hâte pour aller au corps. J'ai immédiatement adopté cette expression qui me vient de la culture de mon ex saguenéenne : *aller au corps.* Quand quelqu'un meurt, on s'habille en noir et on va au corps. Je rencontre mon ami poète Francis *au corps* de son père. Le vieil homme dans son cercueil est émacié et tellement maquillé qu'on dirait une étude de glaise pâle. Véritable Romaine formée dans les vieux pays, l'épouse de Francis trouve cette coutume dérangeante et s'en excuse presque auprès des visiteurs.

L'écran plat passe un diaporama. On voit Filippo Catalano à diverses périodes de sa vie. La première moto, une Ducati. Le portrait du jeune homme en pied remonte à une époque où la photo de studio calquait son sérieux sur celle des beaux-arts : raideur, pas de sourire, toile de fond imitant un jardin royal. Le sépia d'avant l'émigration. Le noir et blanc des vacances en Floride. Puis la couleur de Boucherville à l'heure du souper. Les joues rosacées, comme douloureuses, des derniers jours. La pose fière avec le petit-fils qui arbore un chandail au logo heavy metal.

Les photos fascinent, éclipsent la dépouille. Le parfum giroflé des fleurs évoque le formol. Francis vient vers moi, presque électrisé. La force de sa poignée de main me rappelle qu'il est un peu plus jeune que moi. Après un commentaire sur le défilement des photos, politesse qu'il a dû faire à chaque visiteur, il me tend un recueil qui vient tout juste de paraître. Je reconnais le thème : le père.

Je suis franchement jaloux de sa fécondité et absolument ébahi par la précocité de cette publication. L'objet de son deuil est quand même là, embaumé à deux pieds de nous, et tout poète sait qu'attendre une année ou même deux après le dépôt du manuscrit est normal. Il avait déjà montré des textes sur sa page Facebook, des thrènes rédigés à chaud dans l'excitation des derniers jours de son père. Moins d'une semaine plus tard, il distribue la plaquette. Il a commandé la chose dans un centre de repro.

Ce ne sont plus des funérailles. C'est un lancement.

Le recueil s'intitule *Patères*. Le génie du titre me plaît*.

Nous parlons de Fernand Ouellette et de la fièvre d'écriture qui a habité le poète quand il a rédigé *Les Heures* au chevet de son père agonisant. Je me souviens de poèmes étroits comme des listes, des litanies qui mènent le lecteur à l'ivresse puis à la sérénité.

Puis nous nous taisons. Je ne sais pas combien de temps ça dure. Deux poètes hochent la tête d'intelligence devant ce constat : la vie est bien faite.

---

* Francis Catalano a publié, à la mort de sa mère, un recueil intitulé *M'atterres*, qui jouait sur l'homophonie de *mater*. (Montréal, Éditions Trait d'union, 2002)

Table des matières

CRÉDITS ET REMERCIEMENTS

Les Éditions du Boréal reconnaissent l'aide financière du gouvernement
du Canada par l'entremise du Fonds du livre du Canada (FLC) pour
leurs activités d'édition et remercient le Conseil des arts du Canada
pour son soutien financier.

Les Éditions du Boréal sont inscrites au Programme d'aide
aux entreprises du livre et de l'édition spécialisée de la SODEC
et bénéficient du programme de crédit d'impôt pour l'édition de livres
du gouvernement du Québec.

L'auteur remercie le Conseil des arts du Canada pour son soutien.

Couverture : Richard Morin, *Nuit d'encre*, 2007.

Ce livre a été imprimé sur du papier 100 % postconsommation,
traité sans chlore, certifié ÉcoLogo
et fabriqué dans une usine fonctionnant au biogaz.

MISE EN PAGES ET TYPOGRAPHIE :
LES ÉDITIONS DU BORÉAL

CE DEUXIÈME TIRAGE A ÉTÉ ACHEVÉ D'IMPRIMER EN NOVEMBRE 2014
SUR LES PRESSES DE MARQUIS IMPRIMEUR
À MONTMAGNY (QUÉBEC).